edition suhrkamp

Redaktion: Günther Busch

Jürgen Habermas
Technik und Wissenschaft als ›Ideologie‹

Suhrkamp Verlag

23. Auflage 2024

Erste Auflage 1995
edition suhrkamp 287

Umschlag gestaltet nach einem Konzept
von Willy Fleckhaus: Rolf Staudt
Druck: Libri Plureos GmbH, Hamburg
Printed in Germany
ISBN 978-3-518-10287-9

www.suhrkamp.de

Inhalt

Vorbemerkung

Der Aufsatz über *Technik und Wissenschaft als Ideologie* enthält eine Auseinandersetzung mit der von Herbert Marcuse entwickelten These: »Die befreiende Kraft der Technologie – die Instrumentalisierung der Dinge – verkehrt sich in eine Fessel der Befreiung, sie wird zur Instrumentalisierung des Menschen.« Dieser Aufsatz ist Herbert Marcuse zum 70. Geburtstag gewidmet. Er gehört zu den *Antworten auf Herbert Marcuse*, konnte aber wegen seines Umfangs in das Bändchen, das unter diesem Titel erschienen ist, nicht aufgenommen werden.

Es ist mir lieb, daß ich die Überlegungen, die ich in dieser Arbeit eher experimentierend anstelle, im Zusammenhang mit anderen, an verstreuten Orten bereits publizierten Aufsätzen vorlegen kann. Sie können dazu dienen, einige Voraussetzungen zu präzisieren (das gilt für den ersten und den letzten Beitrag) und Konsequenzen anzudeuten (das gilt für den dritten und den vierten Beitrag). Sie behalten freilich allemal den Charakter von Gelegenheitsarbeiten.

In dem zur gleichen Zeit erscheinenden Buch *Erkenntnis und Interesse* habe ich Gesichtspunkte meiner Frankfurter Antrittsvorlesung (die diesen Band beschließt) ausgeführt.

Frankfurt am Main, im August 1968

J. H.

Arbeit und Interaktion. Bemerkungen zu Hegels Jenenser ›Philosophie des Geistes‹

Hegel hat in Jena 1803/04 und 1805/06 Vorlesungen über Natur- und Geistesphilosophie gehalten. Die *Philosophie des Geistes* knüpft an das fragmentarisch ausgearbeitete *System der Sittlichkeit* an. Diese Stücke Hegels[1] stehen noch unter dem Einfluß des Studiums der Politischen Ökonomie, das Hegel damals betrieben hat. Darauf hat die marxistische Hegelforschung stets hingewiesen.[2] Gleichwohl ist die systematische Sonderstellung der Jenenser *Philosophie des Geistes* bisher nicht zureichend berücksichtigt worden. Nach wie vor dominiert die Auffassung, die schon Lasson im Vorwort zu seiner Edition der Jenenser Vorlesung geäußert hat: man betrachtet diese Arbeiten als eine Vorstufe zur *Phänomenologie* und betont die Parallelen zum späteren System. Demgegenüber möchte ich die These vertreten, daß Hegel in den beiden Jenenser Vorlesungen für den Bildungsprozeß des Geistes eine eigentümliche, später preisgegebene Systematik zugrunde gelegt hat.

Die Kategorien Sprache, Werkzeug und Familie bezeichnen drei gleichwertige Muster dialektischer Beziehungen: die symbolische Darstellung, der Arbeitsprozeß und die Inter-

1 Das *System der Sittlichkeit* wird nach der Ausgabe von Lasson, *Hegels Schriften zur Politik und Rechtsphilosophie*, S. W. Bd. 7, Leipzig 1923, S. 415–499 zitiert. Die beiden Fassungen der Jenenser *Philosophie des Geistes* sind ebenfalls von Lasson herausgegeben: *Jenenser Realphilosophie* I, *S. W.* Bd. 19, S. 195 ff. und *Jenenser Realphilosophie* II, *S. W.* Bd. 20, S. 177 ff.

2 G. Lukács, *Der junge Hegel*, Berlin 1954.

aktion auf der Grundlage der Reziprozität vermitteln Subjekt und Objekt je auf ihre Weise. Die Dialektik der Sprache, der Arbeit und des sittlichen Verhältnisses ist jeweils als eine besondere Figur der Vermittlung entfaltet; es handelt sich noch nicht um Stufen, die nach der gleichen logischen Form konstruiert wären, sondern um verschiedene Formen der Konstruktion selber. Eine Radikalisierung meiner These könnte lauten: es ist nicht der Geist in der absoluten Bewegung der Reflexion seiner selbst, der sich unter anderem auch in Sprache, Arbeit und sittlichem Verhältnis manifestiert, sondern erst der dialektische Zusammenhang von sprachlicher Symbolisierung, Arbeit und Interaktion bestimmt den Begriff des Geistes. Dem widerspräche der systematische Ort der genannten Kategorien; sie treten ja nicht in der Logik, sondern in einer Realphilosophie auf. Andererseits sind damals die dialektischen Beziehungen noch so anschaulich den Grundmustern heterogener Erfahrungen verhaftet, daß die logischen Formen je nach dem materialen Zusammenhang, dem sie entnommen sind, voneinander abweichen: noch weisen Entäußerung und Entfremdung, Aneignung und Versöhnung auseinander. In den Jenenser Vorlesungen ist immerhin als eine Tendenz angelegt, daß erst die drei dialektischen Muster des existierenden Bewußtseins *zusammengenommen* Geist in seiner Struktur durchsichtig machen.[3]

3 Für diese These spricht übrigens die Konstruktion der Vorlesungen. Die Kategorien *Sprache, Werkzeug* und *Familiengut* reichen in die Dimension des äußeren Daseins und gehörten daher nach der später verbindlichen Einteilung des Systems zu Gestalten des *objektiven Geistes.* Gleichwohl treten sie in Jena nicht unter dem entsprechenden Titel des *wirklichen Geistes* auf, sondern bereits im ersten Teil der *Philosophie des Geistes,* für den der Herausgeber die systematische Bezeichnung *Subjektiver Geist* wählt. Nun sind nach dem enzyklopädischen Sprachgebrauch subjektiver Geist nur

I.

In der Einleitung zur *subjektiven Logik* erinnert Hegel an jenen Begriff des Ich, in dem seine Grunderfahrung von Dialektik beschlossen ist: »Ich [...] ist diese erstlich reine, sich auf sich beziehende Einheit, und dies nicht unmittelbar, sondern indem es von aller Bestimmtheit und Inhalt abstrahiert, und in die Freiheit der schrankenlosen Gleichheit mit sich selbst zurückgeht. So ist es Allgemeinheit; Einheit, welche nur durch jenes negative Verhalten, welches als das Abstrahieren erscheint, Einheit mit sich ist, und dadurch alles Bestimmtsein in sich aufgelöst enthält. Zweitens ist Ich ebenso unmittelbar als die sich auf sich selbst beziehende Negativität Einzelnheit, absolutes Bestimmtsein, welches sich Anderem gegenüberstellt und es ausschließt; individuelle Persönlichkeit. Jene absolute Allgemeinheit, die ebenso unmittelbar absolute Vereinzelung ist, und ein An- und Fürsichsein, welches schlechthin Gesetztsein und nur dies An- und Fürsichsein durch die Einheit mit

solche Bestimmungen, welche die Beziehungen des erkennenden und des handelnden Subjekts zu sich selber charakterisieren. Die Objektivationen der Sprache (überlieferte Symbole), der Arbeit (Produktivkräfte) und des Handelns auf Gegenseitigkeit (soziale Rollen) gehören nicht dazu. An ihnen demonstriert aber Hegel das Wesen des Geistes als einer Organisation von Mitten. Die Jenenser Darstellung gehorcht offensichtlich noch nicht der späteren Systematik. Dem »wirklichen Geist« ist nicht die Stufe des subjektiven vorangestellt, sondern ein Abschnitt, der angemessener den Titel »abstrakter Geist« tragen könnte: Darin gibt Hegel die abstrakten Bestimmungen des Geistes im Sinne einer Einheit von Intelligenz und Willen, die im fundamentalen Zusammenhang von symbolischer Darstellung, Arbeit und Interaktion hergestellt ist – und nicht im Sinne jener Abstraktionen, die als subjektiver Geist übrig bleiben, wenn wir vom Bildungsprozeß des Geistes alle seine Objektivationen abziehen, an denen er sein äußeres Dasein hat.

dem Gesetztsein ist, macht ebenso die Natur des Ich als des Begriffes aus; von dem Einen und dem Anderen ist nichts zu begreifen, wenn nicht die angegebenen beiden Momente zugleich in ihrer Abstraktion und zugleich in ihrer vollkommenen Einheit aufgefaßt werden.«[4] Hegel nimmt seinen Ausgang von jenem Begriff des Ich, den Kant unter dem Titel der ursprünglich-synthetischen Einheit der Apperzeption entwickelt hat. Hier ist Ich vorgestellt als die »reine, sich auf sich beziehende Einheit«, als das »Ich denke«, das alle meine Vorstellungen begleiten können muß. Dieser Begriff artikuliert die Grunderfahrung der Reflexionsphilosophie: nämlich die Erfahrung der Ich-Identität in der Selbstreflexion, also die Selbsterfahrung des erkennenden Subjekts, das von allen möglichen Gegenständen der Welt abstrahiert und sich auf sich als einzigen Gegenstand zurückbezieht. Die Subjektivität des Ich ist als Reflexion bestimmt – sie ist die Beziehung des sich wissenden Subjekts zu sich selber. In ihr stellt sich die Einheit des Subjekts als Selbstbewußtsein her. Kant interpretiert diese Erfahrung der Selbstreflexion zugleich unter Voraussetzungen seiner Erkenntnistheorie: er reinigt die ursprüngliche Apperzeption, die die Einheit des transzendentalen Bewußtseins verbürgen soll, von der empirischen.

Fichte treibt die Reflexion der Selbstreflexion *vor* ihrer Aufteilung auf die Sphären, zu deren Begründung sie doch dienen muß, weiter und stößt auf das Problem der Begründung, und zwar der Letztbegründung des Ich. Dabei folgt er der Dialektik des Verhältnisses von Ich und Anderem innerhalb der Subjektivität des Sich-Wissens.[5] Hegel hingegen überläßt sich

4 Hegel, *Sämtliche Werke*, Bd. 5, S. 14.

5 Vgl. D. Henrich, *Fichtes ursprüngliche Einsicht*, Frankfurt a. M. 1967.

der Dialektik von Ich und Anderem im Rahmen der Intersubjektivität des Geistes, in dem nicht Ich mit sich als seinem Anderen, sondern Ich mit einem anderen Ich als Anderem kommuniziert.

Die Dialektik der *Wissenschaftslehre* von 1794, die darin ausgesprochen ist, daß Ich sich schlechthin selbst setzt, bleibt an das Verhältnis der einsamen Reflexion gebunden: als *Theorie des Selbstbewußtseins* gibt sie eine Antwort auf die Aporien jenes Verhältnisses, in dem Ich sich dadurch konstituiert, daß es bei einem als es selbst identifizierten Anderen sich weiß. Hegels Dialektik des Selbstbewußtseins überschreitet das Verhältnis der einsamen Reflexion zugunsten des komplementären Verhältnisses sich erkennender Individuen. Die Erfahrung des Selbstbewußtseins gilt nicht länger als ursprünglich. Sie ergibt sich vielmehr für Hegel aus der Erfahrung der Interaktion, in der ich mich mit den Augen des anderen Subjektes sehen lerne. Das Bewußtsein meiner selbst ist Derivat einer Verschränkung der Perspektiven. Erst auf der Basis wechselseitiger Anerkennung bildet sich Selbstbewußtsein, das an der Spiegelung meiner im Bewußtsein eines anderen Subjektes festgemacht sein muß. Deshalb kann Hegel die Frage nach dem Ursprung der Identität des Ich nicht wie Fichte mit einer Begründung des in sich zurücksteigenden Selbstbewußtseins beantworten, sondern allein mit einer *Theorie des Geistes*. Geist ist dann nicht das Fundamentum, das der Subjektivität des Selbst im Selbstbewußtsein zugrunde liegt, sondern das Medium, *in* dem ein Ich mit einem anderen Ich kommuniziert und *aus* dem, als einer absoluten Vermittlung, beide zu Subjekten wechselseitig sich erst bilden. Bewußtsein existiert als die Mitte, in der die Subjekte sich treffen, so daß sie, ohne sich zu treffen, als Subjekte nicht sein könnten.

Kants transzendentale Einheit des Selbstbewußtseins wird von Fichte gleichsam nur vertieft; die abstrakte Einheit der Synthesis löst sich in einer ursprünglichen Handlung auf, die die Einheit des Gegensatzes von Ich und Anderem, als welche das Ich sich weiß, produziert. Hegel hält demgegenüber an Kants leerer Identität des Ich fest; aber er setzt dieses Ich zu einem Momente herab, indem er es unter der Kategorie des Allgemeinen faßt. Ich als Selbstbewußtsein ist Allgemeines, weil es abstraktes Ich ist, nämlich hervorgegangen aus der Abstraktion von allen Inhalten, die für ein erkennendes oder vorstellendes Subjekt gegeben sind. In gleicher Weise wie von der Mannigfaltigkeit der äußeren Objekte muß ein Ich, welches sich als ein identisches festhält, von der Folge der inneren Zustände und Erlebnisse abstrahieren. Die Allgemeinheit des abstrakten Ichs zeigt sich darin, daß durch diese Kategorie *alle möglichen* Subjekte, also *jeder,* der Ich zu sich sagt, als ein Individuum bestimmt sind. – Andererseits ist aber die gleiche Kategorie Ich auch Anweisung, jeweils ein bestimmtes Subjekt zu denken, das, indem es Ich zu sich sagt, sich als ein unveräußerlich individuelles und einmaliges behauptet. Die Identität des Ich meint also nicht nur jene abstrakte Allgemeinheit des Selbstbewußtseins überhaupt, sondern zugleich die Kategorie der Einzelnheit. Ich ist Individualität nicht nur im Sinne der wiederholbaren Identifizierung eines Diesda innerhalb angebbarer Koordinaten, sondern im Sinne des Eigennamens, der ein schlechthin Individuiertes meint. Ich als Kategorie der Einzelnheit schließt die Reduktion auf eine endliche Anzahl von Elementen, z. B. auf die heute bekannte Zahl elementarer Bestandteile der Erbsubstanz, aus.

Während Fichte den Begriff des Ich als Identität von Ich und Nicht-Ich faßt, begreift Hegel es von Anbeginn als Identität des Allgemeinen und des Einzelnen. Ich ist Allgemeines und Einzelnes in einem. Geist ist die dialektische Entfaltung dieser Einheit, nämlich sittliche Totalität. Hegel wählt den Terminus nicht willkürlich, denn »Geist«, den wir alltagssprachlich als Geist eines Volkes, einer Epoche, einer Mannschaft kennen, ist über die Subjektivität des einsamen Selbstbewußtseins immer schon hinaus. Das Ich als die Identität des Allgemeinen und des Einzelnen läßt sich nur begreifen aus der Einheit eines Geistes, der die Identität des Ich mit einem Anderen, welcher mit ihm nicht identisch ist, zusammenschließt. Geist ist die Kommunikation Einzelner im Medium eines Allgemeinen, das sich wie die Grammatik einer Sprache zu den sprechenden oder wie ein System geltender Normen zu den handelnden Individuen verhält und nicht das Moment der Allgemeinheit gegenüber der Einzelnheit hervorkehrt, sondern deren eigentümliche Verbindung gestattet. Im Medium jenes Allgemeinen, das darum von Hegel ein konkretes genannt wird, können sich die Einzelnen gegenseitig miteinander identifizieren und sich doch untereinander zugleich als nicht-identisch festhalten. Die ursprüngliche Einsicht Hegels besteht darin, daß Ich als Selbstbewußtsein nur begriffen werden kann, wenn es Geist ist, d. h. wenn es von der Subjektivität zur Objektivität eines Allgemeinen übergeht, in dem auf der Basis der Gegenseitigkeit die als nichtidentisch sich wissenden Subjekte vereinigt sind. Weil Ich in diesem genau explizierbaren Sinne Identität des Allgemeinen und des Einzelnen ist, kann die Individuierung eines Neugeborenen, das im Mutterleib als vorsprachliches Lebewesen Gattungsexemplar ist und biologisch aus einer Kombination endlich vieler Elemente zureichend erklärt werden mag, nur als ein Vorgang der Sozialisierung begriffen werden. Dabei darf freilich Sozialisierung ihrerseits nicht als Vergesellschaftung eines gegebenen Individuums gedacht werden, sie selbst bringt vielmehr ein Individuiertes erst hervor.[6]

II.

Das sittliche Verhältnis hat der junge Hegel am Verhältnis der Liebenden zueinander deutlich gemacht: »In der Liebe ist das Getrennte noch, aber nicht mehr als Getrenntes – als Einiges, und das Lebendige fühlt das Lebendige.«[7] In der zweiten Jenenser Vorlesung erläutert Hegel die Liebe als das Erkennen, das sich im Anderen erkennt. Aus der Vereinigung Unterschiedener resultiert ein Wissen, das durch ›Doppelsinn‹ charakterisiert ist: »Jedes ist darin dem Anderen gleich, worin es sich ihm entgegengesetzt hat. Sein Sichunterscheiden vom Anderen ist daher sein Sichgleichsetzen mit ihm und es ist Erkennen ebendarin [...], daß ihm für es selbst seine Entgegensetzung in die Gleichheit umschlägt oder dies, wie es im Anderen sich anschaut, als sich selbst weiß.«[8] Freilich expliziert Hegel das Verhältnis des Sich-Erkennens-im-Anderen, von dem wiederum der Begriff des Ich als einer Identität des Allgemeinen und des Einzelnen abhängt, nicht unmittelbar aus Beziehungen der Intersubjektivität, in der das komplementäre Übereinkommen einander sich entgegensetzender Subjekte gesichert ist. Er stellt vielmehr Liebe als Resultat einer Bewegung dar, Liebe als die Versöhnung eines voran-

6 Emile Durkheim hat unter diesem Gesichtspunkt, daß der Individuierungsvorgang nur als Sozialisation, und diese wiederum nur als Individuierung zu denken sei, schon in seinem ersten großen Werk *De la division du travail social* (1893) die Grundzüge einer soziologischen Handlungstheorie entwickelt.

7 *Jugendschriften*, ed. Nohl, S. 379.

8 *Realphilosophie* II, S. 201.

gegangenen Konfliktes. Der eigentümliche Sinn einer in reziproker Anerkennung ruhenden Ich-Identität erschließt sich nur unter dem Gesichtspunkt, daß das dialogische Verhältnis der komplementären Vereinigung entgegengesetzter Subjekte gleichzeitig ein Verhältnis der Logik *und* der Lebenspraxis meint. Das zeigt sich in der Dialektik des sittlichen Verhältnisses, die Hegel unter dem Titel des *Kampfes um Anerkennung* entfaltet. Sie rekonstruiert Unterdrückung und Wiederherstellung der Dialogsituation als des sittlichen Verhältnisses. In dieser Bewegung, die allein dialektisch heißen darf, üben die logischen Beziehungen einer durch Gewalt verzerrten Kommunikation selber praktische Gewalt. Erst das Resultat dieser Bewegung tilgt die Gewalt und stellt die Zwanglosigkeit des dialogischen Sich-Erkennens-im-Anderen her: Liebe als Versöhnung. Dialektisch ist nicht die zwanglose Intersubjektivität selbst, sondern die Geschichte ihrer Repression und Wiederherstellung. Die Entstellung des dialogischen Verhältnisses steht unter der Kausalität abgespaltener Symbole und vergegenständlichter, d. h. dem Kommunikationszusammenhang entzogener, nur mehr hinter dem Rücken der Subjekte geltender und so zugleich wirkender logischer Beziehungen. Der junge Hegel spricht von einer Kausalität des Schicksals.

Er demonstriert sie in dem Fragment über den *Geist des Christentums* am Beispiel der Strafe, die den trifft, der eine sittliche Totalität zerstört. Der ›Verbrecher‹, der die sittliche Grundlage, nämlich die Komplementarität zwangloser Kommunikation und wechselseitiger Interessenbefriedigung aufhebt, indem er sich als Einzelner an die Stelle der Totalität setzt, bringt den Prozeß eines auf ihn zurückschlagenden Schicksals in Gang. Der zwischen den streitenden Parteien entbrennende Kampf und die Feindseligkeit gegenüber dem verletzten und unterdrückten Anderen machen die verlorene Komplementarität und die vergangene Freundlichkeit fühlbar. Der Verbrecher wird mit der Macht des mangelnden Lebens konfrontiert. So erfährt er seine Schuld. Der Schuldige muß unter der von ihm selbst provozierten Gewalt des verdrängten und abgeschiedenen Lebens so lange leiden, bis er in der Repression des fremden den Mangel des eigenen, in der Abkehr vom fremden Leben die Entfremdung von sich selbst erfährt. In der Kausalität des Schicksals wirkt die Macht des unterdrückten Lebens, die nur versöhnt werden kann, wenn aus der Erfahrung der Negativität des entzweiten Lebens die Sehnsucht nach dem verlorenen aufsteigt und dazu nötigt, in der bekämpften fremden Existenz die verleugnete eigene zu identifizieren. Dann erkennen beide Parteien ihre verhärtete Stellung gegeneinander als das Resultat der Loslösung, der Abstraktion von ihrem gemeinsamen Lebenszusammenhang – und in ihm, dem dialogischen Verhältnis des Sich-Erkennens-im-Anderen, erfahren sie den gemeinsamen Grund ihrer Existenz.

In den Jenenser Vorlesungen wird die Dialektik des Kampfes um Anerkennung aus dem Kontext des ›Verbrechens‹ gelöst; Ausgangspunkt ist hier das empfindliche Verhältnis von Subjekten, die ihr ganzes Wesen an jede Einzelheit eines von ihnen erarbeiteten Besitzes heften. Den Kampf um Anerkennung führen sie als einen Kampf auf Leben und Tod. Die abstrakte Selbstbehauptung der einander mißachtenden Parteien löst sich dadurch auf, daß die Kämpfenden ihr Leben riskieren und so ihre zur Totalität aufgespreizte Einzelnheit aufheben: »Dieses, was wir erkennen, daß das anerkannte totale Bewußtsein nur ist, indem es sich aufhebt, ist nun ein Erkennen dieses Bewußtseins selbst; es macht selbst diese Reflexion seiner selbst in sich selbst, daß die einzelne Totalität, in dem sie als solche sich erhalten, sein will, sich selbst absolut aufopfert, sich aufhebt, und damit das Gegenteil dessen tut, worauf sie geht. Sie kann selbst nur sein als eine aufgehobene; sie kann sich nicht erhalten als eine seiende, sondern nur als eine als aufgehoben gesetzte.«[9] Das Schicksal vollzieht sich an den Kämpfenden nicht zwar wie das Schicksal am Verbrecher als Strafe, aber doch in der gleichen Weise als die Vernichtung der vom sittlichen Zusammenhang losgelösten Selbstbehauptung. Das Resultat ist nicht das unmittelbare Sich-Erkennen des Einen im Anderen, also Versöhnung, aber eine Stellung der Subjekte zueinander auf der Basis gegenseitiger Anerkennung – nämlich auf der Grundlage der Erkenntnis, daß die Identität des Ich allein durch die von meiner Anerkennung ihrerseits abhängige Identität des Anderen, der mich anerkennt, möglich ist.[10] Das nennt Hegel die absolute Rettung der Einzelnheit, nämlich ihre Existenz als Ich in der Identität von Einzelnheit und Allgemeinheit: »Dies Sein des Bewußtseins, das als einzelne Totalität ist, als eine, die auf sich Verzicht getan hat, schaut sich eben darin in einem anderen Bewußtsein an [...]. In jedem andern Bewußtsein ist sie, was sie unmittelbar für sich selbst ist, indem sie in einem andern ist – eine aufgehobene Totalität; dadurch ist die Einzelnheit absolut gerettet.«[11]

Hegels Begriff des Ich als der Identität des Allgemeinen und des Einzelnen ist gegen jene abstrakte Einheit des reinen, sich

9 *Realphilosophie* I, S. 230.

10 Unter naturalistischen Voraussetzungen des Pragmatismus wiederholt G. H. Mead in seinem posthum erschienenen Werk *Mind, Self, Society* (1934) die Einsicht Hegels, daß sich die Identität des Ich erst durch Einübung in soziale Rollen, nämlich in die Komplementarität von Verhaltenserwartungen auf der Basis gegenseitiger Anerkennung, konstituieren kann.

11 *Realphilosophie* I, S. 230.

auf sich selbst beziehenden Bewußtseins der ursprünglichen Apperzeption gerichtet, an der Kant die Identität von Bewußtsein überhaupt festgemacht hatte. Die Grunderfahrung der Dialektik, die Hegel im Begriff des Ich entfaltet, stammt jedoch, wie wir sehen, nicht aus dem Erfahrungsbereich des theoretischen Bewußtseins, sondern des praktischen. Die Konsequenzen des neuen Ansatzes für eine Kant-Kritik hat deshalb der junge Hegel zunächst in einer Kritik der Sittenlehre gezogen. Weil Hegel Selbstbewußtsein aus dem Interaktionszusammenhang komplementären Handelns, nämlich als Resultat eines Kampfes um Anerkennung begreift, durchschaut er den Begriff des autonomen Willens, der die eigentliche Würde der Kantischen Moralphilosophie auszumachen scheint, als eigentümliche Abstraktion vom sittlichen Verhältnis der kommunizierenden Einzelnen. Indem Kant Autonomie, und das heißt die Eigenschaft des Willens, sich selbst Gesetz zu sein, in der praktischen Philosophie gleichermaßen *voraussetzt* wie die unangreifbare und einfache Identität des Selbstbewußtseins in der theoretischen, scheidet er sittliches Handeln aus dem Bereich der Moralität gerade aus. Kant unterstellt den Grenzfall einer prästabilisierten Gleichschaltung der handelnden Subjekte. Die vorgängige Synchronisation der Handelnden im Rahmen bruchloser Intersubjektivität verbannt das Problem der Sittlichkeit, nämlich das Einspielen einer zwischen Überidentifikation und Kommunikationsverlust gebrochenen Intersubjektivität, aus dem Bereich der Sittenlehre.[12] Kant bestimmt moralisches Handeln gemäß dem Prinzip, »nach keiner anderen Maxime zu handeln, als die sich selbst auch als ein allgemeines Gesetz zum Gegenstand haben kann.«[13] All-

12 Vgl. K. Heinrich, *Von der Schwierigkeit Nein zu sagen*, Frankfurt a. M. 1965.

13 *Grundlegung zur Metaphysik der Sitten*, BA 98.

gemeinheit der moralischen Gesetze meint dabei nicht nur intersubjektive Verbindlichkeit überhaupt, sondern *die* abstrakte Form genereller Geltung, die an Übereinstimmung a priori gebunden ist. Jedes einzelne Subjekt muß seine Handlungsmaximen, indem es sie auf ihre Tauglichkeit als Prinzipien einer allgemeinen Gesetzgebung überprüft, jedem anderen Subjekt als gleichermaßen verbindliche Handlungsmaxime *beilegen:* »Es ist nicht genug, daß wir unserem Willen [...] Freiheit zuschreiben, wenn wir nicht ebendieselbe auch allen vernünftigen Wesen beizulegen hinreichenden Grund haben. Denn da Sittlichkeit für uns bloß als vernünftige Wesen zum Gesetz dient, so muß sie auch für alle vernünftigen Wesen gelten.«[14] Die moralischen Gesetze sind abstrakt allgemein in dem Sinne, daß sie, indem sie für mich als generelle gelten, eo ipso als für alle vernünftigen Wesen geltend gedacht werden müssen. Deshalb löst sich Interaktion unter solchen Gesetzen auf in die Aktionen einsamer und selbstgenügsamer Subjekte, von denen jedes so handeln muß, als sei es das einzige existierende Bewußtsein, und doch gleichzeitig die Gewißheit haben kann, daß alle seine Handlungen unter moralischen Gesetzen mit den moralischen Handlungen aller möglichen anderen Subjekte notwendig und im vorhinein zusammenstimmen.

Die durch praktische Vernunft a priori in Anschlag gebrachte Intersubjektivität der Geltung moralischer Gesetze erlaubt die Reduktion sittlichen Handelns auf monologisches. Die positive Beziehung des Willens auf den Willen anderer ist möglicher Kommunikation entzogen und durch eine transzendental notwendige Übereinstimmung isolierter Zwecktätigkeiten unter abstrakt allgemeinen Gesetzen substituiert. Insofern stellt sich moralisches Handeln im Sinne Kants, mutatis mutandis,

14 Ebd. S. 100 f.

als ein Spezialfall dessen dar, was wir heute strategisches Handeln nennen.

Strategisches Handeln zeichnet sich vor *kommunikativen Handlungen* unter gemeinsamen Traditionen dadurch aus, daß die Entscheidung zwischen alternativen Wahlmöglichkeiten grundsätzlich monologisch, das heißt ohne Verständigung ad hoc gefällt werden kann und muß, weil die für jeden einzelnen Partner verbindlichen Präferenzregeln und Maximen im vorhinein abgestimmt worden sind. Die vollständige Intersubjektivität der Geltung der Spielregeln gehört hier zur Definition der Spielsituation in der gleichen Weise wie, auf der transzendentalen Ebene der Kantischen Sittenlehre, die apriorische Geltung der moralischen Gesetze, die durch praktische Vernunft verbürgt ist. Probleme der Sittlichkeit, die einzig im Zusammenhang einer sich einspielenden Kommunikation und einer sich erst bildenden Intersubjektivität der Handelnden auf der stets gefährdeten Basis gegenseitiger Anerkennung auftauchen, sind in beiden Fällen eliminiert. Vom moralischen Standpunkt aus müssen wir das sittliche Verhältnis im Sinne Hegels außer Betracht lassen und davon absehen, daß die Subjekte in den Interaktionszusammenhang als ihren *Bildungsprozeß* verflochten sind. Wir müssen absehen von dem, was in den dialektischen Gang der gewalttätigen Kommunikation eingeht und aus ihm sich ergibt; also zunächst abstrahieren von den konkreten Folgen und Nebenfolgen der durch moralische Absicht ausgewiesenen Handlungen; ferner abstrahieren von den besonderen Neigungen und Interessen, dem »Wohl«, durch das moralisches Handeln motiviert ist und dem es objektiv dienen kann; und schließlich abstrahieren von der Materie der Pflicht, die sich in einer gegebenen Situation erst bestimmt.[15] Diese dreifache Abstraktion ist

15 *Enzyklopädie* §§ 504 ff.

schon in dem Satz des jungen Hegel kritisiert: »so lange Gesetze das Höchste sind [...], so lange muß das Individuelle dem Allgemeinen geopfert, d. h. es muß getötet werden.«[16]

III.

Weil Hegel die Konstitution des Ich nicht an die Reflexion des einsamen Ich auf sich selber bindet, sondern aus Prozessen der Bildung, nämlich der kommunikativen Einigung entgegengesetzter Subjekte begreift, ist nicht Reflexion als solche, sondern das Medium entscheidend, in dem sich die Identität des Allgemeinen und des Einzelnen herstellt. Hegel spricht auch von der »Mitte«, durch die hindurch das Bewußtsein Existenz gewinnt. Nach unseren bisherigen Überlegungen dürfen wir erwarten, daß Hegel kommunikatives Handeln als das Medium für den Bildungsprozeß des selbstbewußten Geistes einführt. Tatsächlich konstruiert er in den Jenenser Vorlesungen am Beispiel des Zusammenlebens einer primären Gruppe, der Interaktion innerhalb der Familie, das »Familiengut« als die existierende Mitte reziproker Verhaltensweisen. Allein, neben der »Familie« finden sich zwei weitere Kategorien, die Hegel in gleicher Weise als Medien des Bildungsprozesses entfaltet: Sprache und Arbeit. Der Geist ist eine Organisation von gleichursprünglichen Mitten: »Jene erste gebundene Existenz – das Bewußtsein als Mitte – ist sein Sein als Sprache, als Werkzeug und das (Familien)gut, oder als einfaches Einssein: Gedächtnis, Arbeit und Familie.«[17] Diese drei dialektischen Grundmuster sind heterogen; Sprache und Arbeit als Medien des Geistes lassen sich nicht auf die Erfah-

16 Nohl, S. 278.
17 *Realphilosophie* I, S. 205.

rung der Interaktion und der gegenseitigen Anerkennung zurückführen.

Sprache umfaßt nicht schon die Kommunikation handelnder und zusammenlebender Subjekte, sondern meint hier nur die Symbolverwendung des einsamen Individuums, das der Natur konfrontiert ist und den Dingen Namen gibt. In der unmittelbaren Anschauung ist der Geist noch animalisch. Hegel spricht von der nächtlichen Produktion der vorstellenden Einbildungskraft, von dem flutenden, noch nicht organisierten Reich der Bilder. Erst mit der Sprache und in ihr treten Bewußtsein und Sein der Natur für das Bewußtsein auseinander. Der träumende Geist erwacht gleichsam, wenn das Reich der Bilder in das Reich der Namen übersetzt wird. Der erwachte Geist hat Gedächtnis: er vermag zu unterscheiden und zugleich das Unterschiedene wiederzuerkennen. Dem Gedanken der Herderschen Preisschrift folgend, sieht Hegel in der Repräsentation die eigentliche Leistung der Symbole: Synthesis der Mannigfaltigkeit ist an die darstellende Funktion von Merkmalen gebunden, die das Identifizieren von Gegenständen erlauben. Namengebung und Gedächtnis sind zwei Seiten derselben Sache: »Die Idee dieser Existenz des Bewußtseins ist das Gedächtnis, und seine Existenz selbst die Sprache.«[18]

Das Symbol hat als Name von Dingen eine doppelte Funktion. Einerseits besteht die Kraft der Repräsentation in der Vergegenwärtigung eines nicht unmittelbar gegebenen in einem Anderen, das, obgleich unmittelbar gegeben, nicht für sich selber, sondern an Stelle eines Anderen steht. Das darstellende Symbol zeigt einen Gegenstand oder Sachverhalt als

18 *Realphilosophie* I, S. 211; vgl. dazu K. Löwith, *Hegel und die Sprache*, in: *Zur Kritik der christlichen Überlieferung*, Stuttgart 1966, S. 97 ff.

ein Anderes an und bezeichnet es in seiner Bedeutung für uns. Andererseits haben wir unsere Symbole selbst hervorgebracht. Das sprechende Bewußtsein wird durch sie hindurch sich selbst objektiv und erfährt sich an ihnen als ein Subjekt. Auch dieses Verhältnis der Rückempfindung des Subjekts in der Sprache hat Herder schon charakterisiert. Damit die Natur zur Welt eines Ich sich konstituieren kann, muß Sprache mithin die doppelte Vermittlung leisten: einerseits die Auflösung und Aufbewahrung der angeschauten Sache in einem Symbol, das die Sache repräsentiert, und andererseits eine Distanzierung des Bewußtseins von seinen Gegenständen, wobei das Ich über selbsterzeugte Symbole gleichzeitig bei den Sachen und bei sich selber ist. So ist die Sprache die erste Kategorie, unter der der Geist nicht als ein Inneres, sondern als Medium gedacht wird, das weder innen noch außen ist. Darin ist der Geist Logos einer Welt und nicht Reflexion des einsamen Selbstbewußtseins.

Arbeit nennt Hegel jene spezifische Weise der Triebbefriedigung, die den existierenden Geist von der Natur unterscheidet. Wie Sprache das Diktat der unmittelbaren Anschauung bricht und das Chaos der mannigfaltigen Empfindungen zu identifizierbaren Dingen ordnet, so bricht Arbeit das Diktat der unmittelbaren Begierde und hält den Prozeß der Triebbefriedigung gleichsam an. Wie dort die sprachlichen Symbole, so sind hier Instrumente, in denen sich die generalisierten Erfahrungen des Arbeitenden mit seinem Objekt niederschlagen, die existierende Mitte. Der Name ist das Bleibende gegenüber dem verschwindenden Moment der Wahrnehmungen; ebenso ist das Werkzeug das Allgemeine gegenüber den verschwindenden Momenten der Begierde und des Genusses: »Es ist das, worin das Arbeiten sein Bleiben hat, was von dem Arbeitenden und Bearbeiteten allein übrigbleibt und worin ihre Zufälligkeit sich verewigt; es pflanzt sich in Traditionen fort, indem sowohl das Begehrende als das Begehrte nur als Individuen bestehen und untergehen.«[19] Die Symbole gestatten das Wiedererkennen des Selben, die Instrumente halten die Regeln fest, nach denen die Unterwerfung der Naturprozesse beliebig wiederholt werden kann: »Die Subjektivität der Arbeit ist im Werkzeug zu einem Allgemeinen erhoben; jeder kann es nachmachen und ebenso arbeiten; es ist insofern die beständige Regel der Arbeit.«[20]

Die *Dialektik der Arbeit* vermittelt freilich Subjekt und Objekt nicht in der gleichen Weise wie die *Dialektik der Darstellung*. Am Anfang steht nicht die Unterwerfung der Natur unter die selbsterzeugten Symbole, sondern umgekehrt die Unterwerfung des Subjekts unter die Gewalt der äußeren Natur. Arbeit verlangt die Suspendierung der unmittelbaren Triebbefriedigung; sie überträgt Leistungsenergien auf den bearbeiteten Gegenstand unter Gesetzen, die die Natur dem Ich imponiert. In dieser doppelten Hinsicht spricht Hegel davon, daß sich das Subjekt in der Arbeit zum Ding macht: »Arbeit ist das diesseitige Sich-zum-Ding-Machen. Die Entzweiung des Trieb-seienden Ich (nämlich: in eine realitätsprüfende Ichinstanz und in die reprimierten Triebansprüche J. H.) ist ebendies Sich-zum-Gegenstande-Machen.«[21] Auf dem Wege der Unterwerfung unter die Kausalität der Natur entsteht mir in den Werkzeugen das Resultat einer Erfahrung, durch die ich umgekehrt die Natur für mich arbeiten lassen kann. Indem das Bewußtsein mit den technischen Regeln den nicht intendierten Ertrag seiner Arbeit einholt, kehrt es aus seiner Verdinglichung zu sich zurück, und zwar als li-

19 *Realphilosophie* I, S. 221.
20 *System der Sittlichkeit*, in: Lasson, *Schriften z. Pol.*, S. 428.
21 *Realphilosophie* II, S. 197.

stiges Bewußtsein, das im instrumentalen Handeln die Erfahrung mit Naturprozessen gegen diese selbst wendet: »Hier tritt der Trieb ganz aus der Arbeit zurück. Er läßt die Natur sich abreiben, sieht ruhig zu und regiert nur mit leichter Mühe das Ganze: List. Die breite Seite der Gewalt wird von der Spitze der List angegriffen.«[22]

Das Werkzeug ist also ebenso wie die Sprache Kategorie jener Mitte, durch die der Geist zur Existenz gelangt. Aber die beiden Bewegungen verlaufen konträr. Das *namengebende Bewußtsein* erreicht eine andere Stellung zur Objektivität des Geistes als das aus Arbeitsprozessen hervorgehende *listige Bewußtsein.* Nur im Grenzfall der Konventionalisierung kann sich der Sprechende zu seinen Symbolen ähnlich verhalten wie der Arbeitende zu seinen Instrumenten; die Symbole der Umgangssprache durchdringen und beherrschen das wahrnehmende und denkende Bewußtsein, während das listige Bewußtsein durch seine Werkzeuge über Prozesse der Natur verfügt. Die Objektivität der Sprache behält Gewalt über den subjektiven Geist, während die Überlistung der Natur über die Gewalt des objektiven Geistes subjektive Freiheit erweitert – denn am Ende terminiert auch der Arbeitsprozeß in der vermittelten Befriedigung an den erzeugten Konsumgütern und in der rückwirkend veränderten Interpretation der Bedürfnisse selber.[23]

Die drei in den Jenenser Vorlesungen entfalteten Muster einer dialektischen Beziehung zwischen Subjekt und Objekt kehren gegen Kants abstraktes Ich die Bildungsprozesse der gewordenen Identität des namengebenden, des listigen und

22 *Realphilosophie* II, S. 199.

23 Für dieses Verhältnis, das keineswegs der Teleologie des sich realisierenden Geistes entspricht, stellt übrigens Hegels *Logik* keine angemessene Kategorie bereit.

des anerkannten Bewußtseins hervor. Der Kritik an Moralität entspricht eine Kritik an Kultur. In der Methodenlehre der teleologischen Urteilskraft[24] verhandelt Kant Kultur als den letzten Zweck der Natur, sofern wir diese als teleologisches System verstehen. Kultur nennt Kant die Hervorbringung der Tauglichkeit eines vernünftigen Wesens zu beliebigen Zwecken überhaupt. Subjektiv meint das die Geschicklichkeit der zweckrationalen Wahl geeigneter Mittel, objektiv ist Kultur Inbegriff der technischen Verfügung über Natur. Wie in der Moralität eine Zwecktätigkeit nach reinen Maximen vorgestellt wird, die von der Einbeziehung des sittlichen Subjekts in eine sich erst bildende Intersubjektivität absieht, so konzipiert Kant auch Kultur als eine Zwecktätigkeit nach technischen Regeln (d. h. bedingten Imperativen), die ebenso abstrahiert von der Verwickelung des Subjekts in die Arbeitsprozesse. Das *kultivierte Ich*, dem Kant die Tauglichkeit zu instrumentalem Handeln zurechnet, begreift hingegen Hegel als ein Ergebnis, und zwar als ein weltgeschichtlich sich veränderndes Resultat der gesellschaftlichen Arbeit. So versäumt er in den Jenenser Ausarbeitungen der Geistesphilosophie nie den Hinweis auf den Fortgang, den das aus dem Instrumentengebrauch hervorgegangene listige Bewußtsein nimmt, sobald die Arbeit mechanisiert wird.[25]

24 *Kritik der Urteilskraft* B., S. 388 ff.

25 »Das Werkzeug hält als solches vom Menschen sein materielles Vernichten ab; aber es bleibt darin [...] seine Tätigkeit [...]. In der Maschine hebt der Mensch selbst diese seine formale Tätigkeit auf und läßt sie ganz für ihn arbeiten. Aber jener Betrug, den er gegen die Natur ausübt, [...] rächt sich gegen ihn selbst; was er ihr abgewinnt, je mehr er sie unterjocht, desto niedriger wird er selbst. Indem er die Natur durch mancherlei Maschinen bearbeiten läßt, so hebt er die Notwendigkeit seines Arbeitens nicht auf, son-

Was für das moralische und das technische Bewußtsein gilt, gilt analog für das theoretische. Die Dialektik der Darstellung durch sprachliche Symbole richtet sich gegen Kants Begriff der synthetischen Leistungen eines allen Bildungsprozessen entrückten transzendentalen Bewußtseins überhaupt. Denn die abstrakte Erkenntniskritik begreift das Verhältnis der Kategorien und Anschauungsformen zum Material der Erfahrung, wie die Ausdrücke zeigen, nach dem schon durch Aristoteles eingeführten Modell der handwerklichen Tätigkeit, in der das arbeitende Subjekt einen Stoff formiert. Wenn aber Synthesis des Mannigfaltigen nicht durchs Überstülpen kategorialer Formen zustande kommt, sondern zunächst einmal an die Darstellungsfunktion von selbsterzeugten Symbolen gebunden ist, dann kann die Identität des Ich ebensowenig dem Erkenntnisprozeß schon vorausgesetzt werden wie den Prozessen der Arbeit und der Interaktion, aus denen das listige und das anerkannte Bewußtsein erst hervorgehen. Identität des erkennenden Bewußtseins bildet sich im gleichen Maße wie die Objektivität der erkannten Gegenstände erst mit der Sprache, in der allein Synthesis der auseinander-

dern schiebt es nur hinaus, entfernt es von der Natur, und richtet sich nicht lebendig auf sie als eine lebendige; sondern es entflieht diese negative Lebendigkeit, und das Arbeiten, das ihm übrigbleibt, wird selbst maschinenmäßiger.« (*Realphilosophie* I, S. 237.) Inzwischen ist der technische Fortschritt über jene primitive Stufe des mechanischen Webstuhls weit hinausgegangen. Die Stufe, die uns bevorsteht, ist durch die selbstregulative Steuerung von Systemen zweckrationalen Handelns gekennzeichnet; und es ist ungewiß, ob nicht das listige Bewußtsein von Maschinen, die Leistungen des Bewußtseins simulieren, eines Tages selber überlistet wird – selbst wenn der Arbeitende dann, weil ihm die Kontrolle entgleitet, auch den Preis für die wachsende technische Verfügungsgewalt, die er bisher in der Währung entfremdeter Arbeit entrichten mußte, nicht mehr zu zahlen brauchte und Arbeit selber obsolet würde.

getretenen Momente, des Ichs und der Natur als einer Welt des Ichs, möglich ist.

IV.

Kant geht von der Identität des Ich als einer ursprünglichen Einheit des transzendentalen Bewußtseins aus. Hegel ist demgegenüber von seiner Grunderfahrung des Ich als einer Identität des Allgemeinen und des Einzelnen zu der Einsicht geführt worden, daß die Identität des Selbstbewußtseins nicht als eine ursprüngliche, sondern nur als gewordene begriffen werden kann. In den Jenenser Vorlesungen entwickelt Hegel die dreifache Identität des namengebenden, des listigen und des anerkannten Bewußtseins. Diese Identitäten bilden sich in der Dialektik der Darstellung, der Arbeit und des Kampfes um Anerkennung und dementieren so jene abstrakten Einheiten des praktischen Willens, des technischen Willens und der Intelligenz, mit denen Kants *Kritik der praktischen* und die *der reinen Vernunft* beginnen. Unter diesem Gesichtspunkt können wir die Jenenser *Philosophie des Geistes* in der Tat als Vorarbeit zur *Phänomenologie* verstehen, denn die Radikalisierung der als Wissenschaft vom erscheinenden Bewußtsein durchgeführten Erkenntniskritik besteht ja in dem Verzicht auf den Standpunkt des »fertigen« Erkenntnissubjekts. Vor allem verlangt ein Skeptizismus, der Kritik, nämlich das Zweifeln, vor der Verzweiflung nicht bewahrt, und der Reflexion, nämlich das Durchschauen eines Scheins, bis zur Umkehr des Bewußtseins selber treibt, einen radikalen Anfang auch in der Hinsicht, daß wir selbst die fundamentalen Unterscheidungen zwischen theoretischer und praktischer Vernunft, zwischen deskriptiv wahren Sätzen und normativ richtigen Entscheidungen, fallen lassen und überhaupt ohne die Unterstellung von Standards beginnen – obgleich dieser theoretisch voraussetzungslose Anfang gerade nicht ein absoluter Anfang sein kann, sondern an das natürliche Bewußtsein anknüpfen muß. Wenn wir von hier aus auf die Jenenser *Philosophie des Geistes* zurückblicken, stellt sich allerdings die Frage nach der *Einheit eines Bildungsprozesses*, der doch zunächst durch *drei heterogene Bildungsmuster* bestimmt ist. Die Frage nach dem Zusammenhang jener Organisation von Mitten stellt sich zumal dann mit Dringlichkeit, wenn wir uns der Wirkungsgeschichte der Hegelschen Philosophie erinnern und uns jene auseinanderstrebenden Interpretationen vor Augen führen, deren jede eins der drei dialektischen Grundmuster zum Auslegungsprinzip des Ganzen erhebt. *Cassirer* nimmt die Dialektik der Darstellung zum Leitfaden einer hegelianisierenden Kantinterpretation, die zugleich Grundlegung der Philosophie der symbolischen Formen ist; *Lukács* interpretiert die Bewegung des Gedankens von Kant zu Hegel am Leitfaden einer Dialektik der Arbeit, die zugleich die materialistische Einheit von Subjekt und Objekt im weltgeschichtlichen Bildungsprozeß der Gattung verbürgt; schließlich führt der Neuhegelianismus eines *Theodor Litt* zu einer Konzeption der Selbstaufstufung des Geistes, die dem Muster der Dialektik des Kampfes um Anerkennung folgt. Gemeinsam ist diesen drei Positionen die vom Junghegelianismus geübte Methode einer Aneignung Hegels unter Preisgabe der im absoluten Wissen beanspruchten Identität von Geist und Natur. Im übrigen jedoch haben sie so wenig gemeinsam, daß sie nur die Divergenz der drei Ansätze, und das heißt: der ihnen zu Grunde liegenden Auffassungen von Dialektik belegen. Wie also ist die Einheit eines Bildungsprozesses zu denken, der nach der Konzeption der *Jenenser Vorlesungen* durch die

Dialektik von Sprache, Arbeit und Interaktion hindurchgeht?

Hegel führt unter dem Titel *Sprache* die Verwendung darstellender Symbole mit Recht als erste Bestimmung des abstrakten Geistes ein. Die beiden folgenden Bestimmungen setzen nämlich diese erste notwendig voraus. In der Dimension des wirklichen Geistes gewinnt Sprache als System einer bestimmten kulturellen Überlieferung Existenz: »Die Sprache ist nur als Sprache eines Volkes [. . .]. Sie ist ein Allgemeines, an sich Anerkanntes, im Bewußtsein aller auf dieselbe Weise Widerhallendes; jedes sprechende Bewußtsein wird unmittelbar darin zu einem anderen Bewußtsein. Sie wird ebenso ihrem Inhalte nach erst in einem Volke zur wahren Sprache, zum Aussprechen dessen, was jeder meint.«[26] Als kulturelle Überlieferung geht Sprache in das kommunikative Handeln ein; denn erst die intersubjektiv geltenden und konstanten Bedeutungen, die aus Tradition geschöpft sind, gestatten Orientierungen auf Gegenseitigkeit, d. h. komplementäre Verhaltenserwartungen. So ist Interaktion von eingelebten sprachlichen Kommunikationen abhängig. Nun ist aber auch instrumentales Handeln, sobald es als gesellschaftliche Arbeit unter die Kategorie des wirklichen Geistes tritt, in ein Netz von Interaktionen eingebettet, und deshalb seinerseits abhängig von den kommunikativen Randbedingungen jeder möglichen Kooperation. Von gesellschaftlicher Arbeit abgesehen, ist schon der einsame Akt des Werkzeuggebrauchs auf die Verwendung von Symbolen angewiesen, denn die Unmittelbarkeit der animalischen Triebbefriedigung wird nicht ohne die Distanzierung des namengebenden Bewußtseins von identifizierbaren Gegenständen gebrochen. Instrumentales Handeln ist auch als einsames immerhin monologisches Handeln.

26 *Realphilosophie* I, S. 235.

Interessanter und keineswegs so offensichtlich wie das Verhältnis der Symbolverwendung zu Interaktion und Arbeit ist indessen das Verhältnis der anderen beiden Bestimmungen des abstrakten Geistes: das *Verhältnis von Arbeit und Interaktion* zueinander. Einerseits sind die Normen, unter denen komplementäres Handeln im Rahmen kultureller Überlieferung erst institutionalisiert und auf Dauer gestellt wird, unabhängig vom instrumentalen Handeln. Technische Regeln werden gewiß unter Bedingungen sprachlicher Kommunikationen erst ausgebildet, aber sie haben nichts mit kommunikativen Regeln der Interaktion gemein. In die bedingten Imperative, denen instrumentales Handeln folgt und die ihrerseits aus dem Erfahrungsbereich instrumentalen Handelns resultieren, geht allein Kausalität der Natur und nicht Kausalität des Schicksals ein. Eine Zurückführung der Interaktion auf Arbeit oder eine Ableitung der Arbeit aus Interaktion ist nicht möglich. Andererseits stellt Hegel einen Zusammenhang zwischen *Rechtsnormen,* in denen ein auf gegenseitiger Anerkennung beruhender gesellschaftlicher Verkehr zuerst förmlich festgelegt wird, und *Arbeitsprozessen* sehr wohl her.

Unter der Kategorie des wirklichen Geistes erscheinen die auf Gegenseitigkeit beruhenden Interaktionen in der Form eines rechtlich normierten Verkehrs zwischen Personen, deren Status als Rechtsperson geradezu definiert ist durch die Institutionalisierung gegenseitiger Anerkennung. Allein, diese Anerkennung bezieht sich nicht unmittelbar auf die Identität des Anderen, sondern auf die Sachen, die seiner Verfügungsgewalt unterstehen. Die institutionelle Wirklichkeit der Identität des Ich besteht darin, daß sich die Individuen in ihrem durch Arbeit erzeugten und durch Tausch erworbenen Besitz als Eigentümer anerkennen. »Nicht nur meine Habe und mein Eigentum ist hier gesetzt, sondern meine Person oder dies insofern, als in meinem Dasein mein Ganzes liegt: Ehre und Leben.«[27] Ehre und Leben sind jedoch einzig anerkannt in der Unantastbarkeit des Eigentums. Der Besitz als das Substrat der rechtlichen Anerkennung geht aus Arbeitsprozessen hervor. Im anerkannten Produkt der Arbeit sind mithin instrumentales Handeln und Interaktion verknüpft.

Hegel konstruiert diesen Zusammenhang in den Jenenser Vorlesungen ganz schlicht. Im System der gesellschaftlichen Arbeit sind Teilung der Arbeitsprozesse und Austausch der Arbeitsprodukte gesetzt. Dadurch kommt es zu einer Verallgemeinerung sowohl der Arbeit wie der Bedürfnisse. Denn die Arbeit eines jeden ist in Ansehung ihres Inhalts eine allgemeine für die Bedürfnisse aller. Die abstrakte Arbeit erzeugt Güter für abstrakte Bedürfnisse. Dadurch erhält das produzierte Gut seinen abstrakten Wert als Tauschwert. Geld ist dessen existierender Begriff. Der Tausch von Äquivalenten ist das Muster für reziprokes Verhalten. Die institutionelle Form des Tausches ist der Vertrag, der Vertrag daher die formelle Festlegung eines prototypischen Handelns auf Gegenseitigkeit. Der Vertrag »ist dasselbe was Tausch, aber ideeller Tausch. Es ist ein Tausch des Erklärens, nicht der Sachen, aber er gilt soviel als die Sache. Beiden gilt der Wille des Anderen als solcher«.[28] Die Institutionalisierung der im Tausch verwirklichten Gegenseitigkeit gelingt dadurch, daß das gesprochene Wort normative Kraft erhält; komplementäres Handeln ist durch Symbole vermittelt, die obligatorische Verhaltenserwartungen fixieren: »Mein Wort muß gelten, nicht aus moralischen Gründen, daß ich mir innerlich gleich bleiben, meine Gesinnung, Überzeugung usf. nicht än-

27 *Realphilosophie* II, S. 221.
28 *Realphilosophie* II, S. 218.

dern solle, sondern ich kann dies ändern; aber mein Wille ist nur als anerkannter da. Ich widerspreche nicht nur mir, sondern dem, daß mein Wille anerkannt ist [. . .]. Die Person, das reine Fürsichsein wird also nicht als einzelner, vom gemeinsamen sich abtrennender Wille respektiert, sondern nur als gemeinsamer.«[29] So wird das Verhältnis gegenseitiger Anerkennung, auf dem Interaktion beruht, auf dem Wege über die Institutionalisierung der im Austausch von Arbeitsprodukten gesetzten Gegenseitigkeit als solches normiert.

Die Institutionalisierung der Ich-Identität, das rechtlich sanktionierte Selbstbewußtsein, ist als Resultat *beider* Prozesse begriffen: der *Arbeit* und des *Kampfes um Anerkennung.* Die Arbeitsprozesse, durch die wir uns vom Diktat unmittelbarer Naturgewalt befreien, gehen also derart in den Kampf um Anerkennung ein, daß im Resultat dieses Kampfes, im rechtlich anerkannten Selbstbewußtsein, auch das Moment der Befreiung durch Arbeit festgehalten ist. Hegel verknüpft Arbeit und Interaktion unter dem Gesichtspunkt der Emanzipation von der Gewalt äußerer wie innerer Natur. Er reduziert weder Interaktion auf Arbeit, noch hebt er diese in Interaktion auf; aber er hat doch einen Zusammenhang beider insofern im Auge, als die Dialektik von Liebe und Kampf von den Erfolgen instrumentalen Handelns und der Konstituierung des listigen Bewußtseins nicht gelöst werden kann. Das Resultat der Befreiung durch Arbeit geht in die Normen, unter denen wir komplementär handeln, ein.

Freilich hat Hegel den dialektischen Zusammenhang zwischen Arbeit und Interaktion, anknüpfend an eine im *System der Sittlichkeit* angestellte Überlegung[30], nur noch ein einziges Mal, nämlich in einem Kapitel der *Phänomenologie des Geistes,*

29 *Realphilosophie* II, S. 219 f.

30 *System der Sittlichkeit,* a.a.O., S. 442.

in extenso entwickelt: das Verhältnis der einseitigen Anerkennung des Herrn durch den Knecht wird durch die ebenso einseitig erarbeitete Verfügungsgewalt des Knechtes über die Natur umgewälzt. Das selbständige Selbstbewußtsein, in dem beide Parteien anerkennen, daß sie sich anerkennen, konstituiert sich auf dem Wege einer Rückwirkung des *technischen* Erfolges einer Emanzipation durch Arbeit auf das Verhältnis *politischer* Abhängigkeit zwischen Herrn und Knecht. Zwar hat das Verhältnis der Herrschaft und Knechtschaft über die *Phänomenologie* auch Eingang gefunden in die Philosophie des subjektiven Geistes. In der *Enzyklopädie*[31] bezeichnet es den Übergang zum allgemeinen Selbstbewußtsein und somit den Schritt von ›Bewußtsein‹ zu ›Geist‹. Allein, schon in der *Phänomenologie* hatte die eigentümliche Dialektik von Arbeit und Interaktion den Stellenwert eingebüßt, der ihr systematisch in den Jenenser Vorlesungen noch zukam.

Das erklärt sich daraus, daß Hegel die Systematik dieser Vorlesungen alsbald preisgegeben und durch die enzyklopädische Einteilung nach subjektivem, objektivem und absolutem Geist ersetzt hat. Während in Jena Sprache, Arbeit und Handeln auf Gegenseitigkeit nicht nur Stufen des Bildungsprozesses des Geistes, sondern Prinzipien seiner Bildung selber waren, werden in der *Enzyklopädie* Sprache und Arbeit, einst Konstruktionsmuster für die dialektische Bewegung, nun selber als untergeordnete Realverhältnisse konstruiert: die Sprache findet in der Philosophie des subjektiven Geistes beim Übergang von Einbildungskraft zu Gedächtnis in einer längeren Anmerkung Erwähnung (§ 459), während Arbeit, als instrumentales Handeln überhaupt, entfällt und stattdessen als gesellschaftliche Arbeit unter dem Titel des Systems der Bedürfnisse eine wichtige Stufe in der Entwicklung des

31 §§ 433 ff.

objektiven Geistes bezeichnet (§§ 524 ff.). Allein die Dialektik des sittlichen Verhältnisses hat, wie in Jena, so auch noch in der *Enzyklopädie*, ihren Stellenwert für die Konstruktion des Geistes als solchen behalten. Bei genauerem Zusehen erkennen wir freilich darin nicht die Dialektik der Liebe und des Kampfes wieder, sondern eine, die Hegel im *Naturrechts*aufsatz als Bewegung der absoluten Sittlichkeit entfaltet hat.

V.

Wir haben die Einheit des Bildungsprozesses des Geistes in einem Zusammenhang der drei dialektischen Grundmuster, also in Beziehungen zwischen symbolischer Darstellung, Arbeit und Interaktion gesucht. Dieser eigentümliche Zusammenhang, der, auf eine Stufe eingeschränkt, noch einmal im Verhältnis von Herrschaft und Knechtschaft aufgenommen worden ist, taucht später nicht mehr auf. Er ist an eine Systematik gebunden, die Hegel nur in der Jenenser Zeit ausprobiert zu haben scheint. Freilich ist in den Jenenser Vorlesungen schon eine Tendenz angelegt, aus der verständlich wird, warum der spezifische Zusammenhang von Arbeit und Interaktion an Bedeutung verliert. Denn schon in Jena ging Hegel von jener absoluten Identität des Geistes mit der Natur aus, welche die Einheit des Bildungsprozesses des Geistes auf bestimmte Weise präjudiziert. Schon in den Jenenser Vorlesungen konstruiert Hegel den Übergang von der Philosophie der Natur zur Philosophie des Geistes nicht anders als in der *Enzyklopädie:* der Geist hat in der Natur seine vollkommene äußerliche Objektivität und findet daher in der Aufhebung dieser Entäußerung seine Identität. Der Geist ist somit das absolut Erste der Natur: »Das *Offenbaren*, welches [...] *Werden* der Natur ist, ist als Offenbaren des Geistes, der frei ist [in der Geschichte], *Setzen* der Natur als *seiner* Welt; ein Setzen, das als Reflexion zugleich *Voraussetzen* der Welt als selbständiger Natur ist.«[32]

Unter Voraussetzung dieser Identitätsthese hat Hegel auch die Dialektik der Darstellung und der Arbeit immer schon idealistisch gedeutet: mit dem Namen sprechen wir das Sein der Gegenstände aus, und ebenso ist im Werkzeug das, was die Natur in Wahrheit ist, aufgehoben. Das Innere der Natur ist selber Geist, weil sie in ihrem Wesen nur faßlich wird und zu sich kommt in der Auseinandersetzung der Menschen mit ihr: ausgebreitet wird das Innere der Natur erst im Reiche ihrer Namen und in den Regeln ihrer Bearbeitung. Wenn aber in dem Objektivierten stets das verborgene Subjektive gefunden, hinter den Masken der Gegenstände Natur stets als der verheimlichte Gegenspieler entlarvt werden kann, können auch die dialektischen Grundmuster der Darstellung und der Arbeit mit der Dialektik des sittlichen Handelns auf *einen* Nenner gebracht werden. Denn dann kann das Verhältnis des namengebenden und des arbeitenden Subjektes zur Natur ebenfalls unter die Figur des gegenseitigen Anerkennens gebracht werden. Die Intersubjektivität, worin Ich mit einem anderen Ich sich identifizieren kann, ohne die Nicht-Identität zwischen ihm und seinem Anderen aufzugeben, stellt sich auch in Sprache und Arbeit dann her, wenn das Objekt, dem das sprechende und arbeitende Subjekt gegenübersteht, im vorhinein idealistisch als ein Gegenüber aufgefaßt wird, mit dem Interaktion in der Art von Subjekten möglich ist: wenn es *Gegenspieler* und nicht *Gegenstand* ist. Solange wir jede der Bestimmungen des abstrakten Geistes

32 *Enzyklopädie* § 384.

für sich betrachten, bleibt ein spezifischer Unterschied. Die Dialektik der Darstellung und der Arbeit entfaltet sich als eine Beziehung zwischen erkennendem oder handelndem Subjekt auf der einen, dem Objekt als Inbegriff des nicht zum Subjekt Gehörenden auf der anderen Seite. Die Vermittlung zwischen beiden Momenten durch die Mitte von Symbolen oder Werkzeugen hindurch wird als ein Prozeß der Entäußerung des Subjekts gedacht – als Prozeß der Entäußerung (Vergegenständlichung) und Aneignung. Demgegenüber ist die Dialektik von Liebe und Kampf eine Bewegung auf der Ebene der Intersubjektivität. An die Stelle des Modells der *Entäußerung* tritt daher das der *Entzweiung* und Entfremdung, und das Resultat der Bewegung ist nicht *Aneignung* des Objektivierten, sondern *Versöhnung*, die Wiederherstellung der zerstörten Freundlichkeit. Die idealistische Aufhebung des Unterschieds zwischen Objekten als Gegenständen und als Gegenspielern macht demgegenüber die Gleichschaltung der heterogenen Muster möglich: wenn mit Natur als einem verborgenen Subjekt in der Rolle des Anderen Interaktion möglich ist, decken sich die Prozesse von Entäußerung und Aneignung formell mit denen der Entfremdung und der Versöhnung. Die Einheit des Bildungsprozesses, der durch das Medium von Sprache, Werkzeug und sittlichem Verhältnis hindurchgeht, braucht dann nicht erst an dem für die Jenenser *Philosophie des Geistes* noch zentralen Zusammenhang von Arbeit und Interaktion festgemacht zu werden, denn sie besteht ja vorgängig in der Dialektik jenes Sich-im-Anderen-Erkennens, in der nun auch die Dialektik von Sprache und Arbeit mit der der Sittlichkeit konvergieren kann: unter identitätsphilosophischen Voraussetzungen sind sie nur zum Scheine heterogen.

Freilich ist die Dialektik des Sich-im-Anderen-Erkennens an

ein Verhältnis der Interaktion zwischen prinzipiell gleichen Gegenspielern geknüpft. Sobald Natur in ihrer Totalität zum Gegenspieler der vereinigten Subjekte erhoben wird, entfällt aber das paritätische Verhältnis; einen Dialog zwischen Geist und Natur, die Unterdrückung einer Dialogsituation zwischen beiden und einen Kampf um Anerkennung, der in dem konstituierten sittlichen Verhältnis resultiert, kann es hier nicht geben – der absolute Geist ist einsam. Die Einheit des absoluten Geistes mit sich und einer Natur, von der er sich als seinem Anderen gleichwohl unterscheidet, kann am Ende doch nicht nach dem Muster der Intersubjektivität handelnder und sprechender Subjekte gedacht werden, an dem Hegel zunächst den Begriff des Ich als der Identität von Allgemeinem und Einzelnem gewonnen hat. Die dialektische Einheit von Geist und Natur, worin der Geist sich in der Natur nicht wie in einem Gegenspieler erkennt, sondern nur wie in einem Gegenbilde wiederfindet, diese Einheit läßt sich eher aus der Erfahrung der Selbstreflexion des Bewußtseins konstruieren. Hegel denkt daher die Bewegung des absoluten Geistes nach dem Muster der Selbstreflexion, aber so, daß in diese die Dialektik des sittlichen Verhältnisses, aus der die Identität des Allgemeinen und des Einzelnen stammt, eingeht: *der absolute Geist ist absolute Sittlichkeit.* Die Dialektik des sittlichen Verhältnisses, die sich mit der Kausalität des Schicksals am ›Verbrecher‹ ebenso vollzieht wie an denen, die um Anerkennung kämpfen, erweist sich nun als die gleiche Bewegung, in der der absolute Geist sich reflektiert.

Der Prozeß des Schicksals, der in den theologischen Jugendschriften, vom Standpunkt der Glieder einer sittlichen Totalität aus, als eine durch Unterdrückung des dialogischen Verhältnisses von den Subjekten selber ausgelöste Reaktion begriffen worden ist, kann auf der Folie der Selbstreflexion nachträglich um so leichter in eine Selbstbewegung der Totalität umgedeutet werden, als Hegel dabei an eine schon in den ersten Fragmenten entfaltete *Dialektik des Opfers* anknüpfen kann: »Denn die Kraft des Opfers besteht in dem Anschauen und Objektivieren der Verwickelung mit dem Unorganischen; – durch welche Anschauung diese Verwickelung gelöst, das Unorganische abgetrennt, und, als solches erkannt, hiermit selbst in die Indifferenz aufgenommen ist: das Lebendige aber, indem es das, was es als einen Teil seiner selbst weiß, in dasselbe legt, und dem Tode opfert, dessen Recht zugleich anerkannt und zugleich sich davon gereinigt hat.«[33] In der Entzweiung der sittlichen Totalität vollzieht sich nur mehr das Schicksal des Absoluten, das sich selbst aufopfert. Nach diesem Muster der absoluten Sittlichkeit, das Hegel zuerst im *Naturrechts*aufsatz als die Aufführung der Tragödie im Sittlichen entfaltet hat, ist die Identität des Geistes mit der Natur als seinem Anderen konzipiert und die Dialektik des Selbstbewußtseins mit der Dialektik des sittlichen Verhältnisses vereinigt. Die »Logik« stellt bloß die Grammatik der Sprache dar, in der die Tragödie geschrieben ist, welche das Absolute ewig mit sich spielt: »daß es sich ewig in die Objektivität gebiert, in dieser seiner Gestalt hiermit sich dem Leiden und dem Tode übergibt, und sich aus seiner Asche in die Herrlichkeit erhebt. Das Göttliche in seiner Gestalt und Objektivität hat unmittelbar eine gedoppelte Natur, und sein Leben ist das absolute Einssein dieser Naturen.«[34]

Aber den *Naturrechts*aufsatz und die *Große Logik* verbindet keine kontinuierliche Entwicklung. In den drei Stücken der

33 *Über die wissenschaftlichen Behandlungsarten des Naturrechts,* Jubiläumsausgabe Bd. 1, S. 500.
34 Ebd.

Jenenser *Philosophie des Geistes*, die wir diskutiert haben, findet Hegels Studium der zeitgenössischen Ökonomie derart seinen Niederschlag, daß die Bewegung des realen Geistes nicht den triumphalen Opfergang des Absoluten spiegelt, sondern die Strukturen des Geistes als einen Zusammenhang von symbolisch vermittelter Arbeit und Interaktion neu entfaltet. Die Dialektik der Arbeit fügt sich nicht zwanglos in die Bewegung eines als absolute Sittlichkeit begriffenen Geistes und erzwingt deshalb eine Rekonstruktion. Diese hat Hegel, nach Jena, wieder preisgegeben, aber nicht ohne Spuren. Die Stellung, die das abstrakte Recht im System einnimmt, ergibt sich nicht unmittelbar aus der Konzeption des sittlichen Geistes. Darin sind vielmehr Momente der Jenenser *Geistphilosophie* festgehalten. Andere Momente des in Jena entwickelten Begriffes sind freilich in die spätere Konstruktion des Rechts nicht aufgenommen worden.

Bis zum *Naturrechts*aufsatz begreift Hegel den Bereich formaler Rechtsverhältnisse, gestützt auf Gibbons Darstellung des Römischen Reiches, als Resultat eines Zerfalls jener freien Sittlichkeit, die der junge Hegel in der idealisierten Verfassung der griechischen Polis verwirklicht gesehen hatte. Noch 1802 heißt es, daß sich das Privatrecht, historisch zunächst in Gestalt des römischen Rechts, in einem Zustand der Entpolitisierung der Bürger, der »Verdorbenheit und universellen Erniedrigung«, herausgebildet habe: der rechtlich normierte Verkehr der privatisierten Einzelnen untereinander bemißt sich negativ an dem zerstörten sittlichen Verhältnis. In der Bewegung der absoluten Sittlichkeit gehört das Recht jener Phase an, in der sich das Sittliche mit dem Unorganischen verwickelt und sich »den unterirdischen Mächten« opfert. – In der Jenenser *Philosophie des Geistes* erscheint demgegenüber der Rechtszustand, der nun auch durch Bestimmungen des modernen bürgerlichen Privatrechts charakterisiert ist, nicht mehr als ein Produkt des Zerfalls der absoluten Sittlichkeit, sondern im Gegenteil als die erste Gestalt des konstituierten sittlichen Verhältnisses. Erst der unter Rechtsnormen auf Dauer gestellte Verkehr komplementär handelnder Individuen macht Ich-Identität, nämlich das Selbstbewußtsein, das sich im anderen Selbstbewußtsein erkennt, zur Institution. Handeln auf der Basis gegenseitiger Anerkennung wird durch das formale Verhältnis zwischen Rechtspersonen erst garantiert. Hegel kann die negative Bestimmung des abstrakten Rechts durch eine positive ersetzen, weil er inzwischen den ökonomischen Zusammenhang des Privatrechts mit der modernen bürgerlichen Gesellschaft kennengelernt und gesehen hat, daß in diesen Rechtstiteln auch das Resultat einer *Befreiung durch gesellschaftliche Arbeit* festgehalten ist. Das abstrakte Recht besiegelt eine Emanzipation, die im buchstäblichen Sinne erarbeitet worden ist.[35]

In der *Enzyklopädie* schließlich und in der *Rechtsphilosophie* wechselt das abstrakte Recht noch einmal seinen Stellenwert. Es behält seine positiven Bestimmungen, denn allein im System dieser allgemeinen Normen kann der freie Wille die Objektivität des äußeren Daseins gewinnen. Der selbstbewußte und freie Wille, der subjektive Geist auf seiner höchsten Stufe, tritt als Rechtsperson unter die festeren Bestimmungen des objektiven Geistes. Jedoch ist der Zusammenhang zwischen Arbeit und Interaktion, dem das abstrakte Recht seine Würde verdankt, aufgelöst; die Jenenser Konstruktion ist preisgegeben und das abstrakte Recht einer als absolute Sittlichkeit begriffenen Selbstreflexion des Geistes

35 Vgl. meine Abhandlung *Hegels Kritik der französischen Revolution*, in: *Theorie und Praxis*², Neuwied 1967; und mein Nachwort zu *Hegels politische Schriften*, Frankfurt a. M. 1966.

integriert. Nun gilt die bürgerliche Gesellschaft als die Sphäre der zerfallenen Sittlichkeit. Im zerrissenen System der Bedürfnisse haben die Kategorien der gesellschaftlichen Arbeit, haben Arbeitsteilung und Tauschverkehr, die eine abstrakte Arbeit für abstrakte Bedürfnisse unter Bedingungen eines abstrakten Verkehrs der vereinzelten Konkurrenten ermöglichen, ihren Platz. Aber das abstrakte Recht wird in diese Sphäre, obwohl es die Form ihres gesellschaftlichen Verkehrs bestimmt, *von außen* unter dem Titel der Rechtspflege eingeführt. Es konstituiert sich unabhängig von den Kategorien der gesellschaftlichen Arbeit und tritt erst *nachträglich* zu den Prozessen in Beziehung, denen es doch in Jena das Moment der Freiheit als Resultat einer Befreiung durch gesellschaftliche Arbeit schuldete. Die Dialektik der Sittlichkeit allein verbürgt das »Übergehen« des noch innerlichen Willens in die Objektivität des Rechts. Die Dialektik der Arbeit hat ihren zentralen Stellenwert eingebüßt.

VI.

Karl Löwith, dem wir die eindringlichsten Analysen des geistigen Bruches zwischen Hegel und der ersten Generation seiner Schüler verdanken[36], hat auch auf die untergründige Verwandtschaft zwischen Positionen der Junghegelianer und Motiven im Denken des jungen Hegel hingewiesen. So hat Marx, ohne Kenntnis der Jenenser Manuskripte, in der Dialektik von Produktivkräften und Produktionsverhältnissen jenen Zusammenhang von Arbeit und Interaktion wieder-

36 K. Löwith, *Von Hegel zu Nietzsche* (1961), vgl. auch Löwiths Einleitung zu der Textsammlung *Die Hegelsche Linke*, Stuttgart 1962.

entdeckt, der einige Jahre Hegels philosophisches Interesse, angeregt durch ökonomische Studien, in Anspruch genommen hatte. Marx hat in einer Kritik des letzten Kapitels der *Phänomenologie des Geistes* von Hegel behauptet, er stehe auf dem Standpunkt der modernen Nationalökonomie, denn er habe die Arbeit als das Wesen, das sich bewährende Wesen des Menschen begriffen. An dieser Stelle der *Pariser Manuskripte* findet sich auch das berühmte Diktum: »Das Große an der Hegelschen Phänomenologie und ihrem Endresultate [...] ist, daß Hegel die Selbsterzeugung des Menschen als einen Prozeß faßt, die Vergegenständlichung als Entgegenständlichung, als Entäußerung und als Aufhebung dieser Entäußerung, daß er also das Wesen der Arbeit faßt und den gegenständlichen Menschen, wahren, weil wirklichen Menschen als Resultat seiner eigenen Arbeit begreift.«

Unter diesem Gesichtspunkt hat Marx selbst versucht, den welthistorischen Bildungsprozeß der Menschengattung aus Gesetzen der Reproduktion des gesellschaftlichen Lebens zu rekonstruieren. Den Mechanismus der Veränderung des Systems gesellschaftlicher Arbeit findet er im Widerspruch der durch Arbeit akkumulierten Verfügungsgewalt über Naturprozesse und dem institutionellen Rahmen naturwüchsig geregelter Interaktionen. Allein, die genaue Analyse des ersten Teils der *Deutschen Ideologie* zeigt, daß Marx nicht eigentlich den Zusammenhang von Interaktion und Arbeit expliziert, sondern unter dem unspezifischen Titel der gesellschaftlichen Praxis eins auf das andere reduziert, nämlich kommunikatives Handeln auf instrumentales zurückführt. Die produktive Tätigkeit, die den Stoffwechsel der Menschengattung mit der umgebenden Natur reguliert, wie in der Jenenser *Philosophie des Geistes* der Werkzeuggebrauch das arbeitende Subjekt mit den natürlichen Objekten vermittelt – dieses instrumentale Handeln wird zum Paradigma für Hervorbringungen aller Kategorien; alles löst sich in die Selbstbewegung der Produktion auf.[37] Darum konnte auch die geniale Einsicht in den dialektischen Zusammenhang von Produktivkräften und Produktionsverhältnissen alsbald mechanistisch mißdeutet werden.

Heute, da der Versuch unternommen wird, die kommunikativen Zusammenhänge wie immer auch naturwüchsig verfestigter Interaktionen nach dem Muster technisch fortschreitender Systeme zweckrationalen Handelns zu reorganisieren, haben wir Grund genug, beide Momente strenger auseinanderzuhalten. An der Idee einer fortschreitenden Rationalisierung der Arbeit klebt eine Masse historischer Wunschvorstellungen. Obwohl der Hunger noch über zwei Drittel der Erdbevölkerung regiert, ist die Abschaffung des Hungers keine Utopie im schlechten Sinne. Aber die Entfesselung technischer Produktivkräfte, einschließlich der Konstruktion von lernenden und steuernden Maschinen, die den vollständigen Funktionskreis zweckrationalen Handelns weit über die Kapazität des natürlichen Bewußtseins hinaus simulieren und menschliche Leistungen substituieren, ist nicht identisch mit der Herausbildung von Normen, welche die Dialektik des sittlichen Verhältnisses in herrschaftsfreier Interaktion auf der Grundlage zwanglos sich einspielender Reziprozität vollenden könnten. Die *Befreiung von Hunger und Mühsal* konvergiert nicht notwendig mit der *Befreiung von Knechtschaft und Erniedrigung*, denn ein entwicklungsautomatischer Zusammenhang zwischen Arbeit und Interaktion besteht nicht. Gleichwohl besteht ein Zusammenhang zwischen beiden Momenten. Weder die *Jenenser Realphilosophie* noch die *Deut-*

37 Vgl. meine Untersuchung: Erkenntnis und Interesse, Frankfurt a. M. 1968, bes. Kap. 3.

sche Ideologie haben ihn befriedigend aufgeklärt – immerhin können sie uns von seiner Relevanz überzeugen: von jenem Zusammenhang zwischen Arbeit und Interaktion hängt der Bildungsprozeß des Geistes wie der Gattung wesentlich ab.

1967

Technik und Wissenschaft als ›Ideologie‹

Für Herbert Marcuse zum 70. Geburtstag am 19. VII. 1968

Max Weber hat den Begriff der »Rationalität« eingeführt, um die Form der kapitalistischen Wirtschaftstätigkeit, des bürgerlichen Privatrechtsverkehrs und der bürokratischen Herrschaft zu bestimmen. Rationalisierung meint zunächst die Ausdehnung der gesellschaftlichen Bereiche, die Maßstäben rationaler Entscheidung unterworfen werden. Dem entspricht die Industrialisierung der gesellschaftlichen Arbeit mit der Folge, daß Maßstäbe instrumentalen Handelns auch in andere Lebensbereiche eindringen (Urbanisierung der Lebensweise, Technisierung des Verkehrs und der Kommunikation). In beiden Fällen handelt es sich um die Durchsetzung des Typus zweckrationalen Handelns: hier bezieht er sich auf die Organisation von Mitteln, dort auf die Wahl zwischen Alternativen. Die Planung schließlich kann als ein zweckrationales Handeln zweiter Stufe aufgefaßt werden: sie zielt auf die Einrichtung, Verbesserung oder Erweiterung der Systeme zweckrationalen Handelns selber. Die fortschreitende »Rationalisierung« der Gesellschaft hängt mit der Institutionalisierung des wissenschaftlichen und des technischen Fortschritts zusammen. In dem Maße, in dem Technik und Wissenschaft die institutionellen Bereiche der Gesellschaft durchdringen und dadurch die Institutionen selbst verwandeln, werden die alten Legitimationen abgebaut. Säkularisierung und »Entzauberung« der handlungsorientierenden Weltbilder, der kulturellen Überlieferung insgesamt, ist die Kehrseite einer wachsenden »Rationalität« des gesellschaftlichen Handelns.

I.

Herbert Marcuse hat an diese Analysen angeknüpft, um nachzuweisen, daß der formale Begriff der Rationalität, den Max Weber vom zweckrationalen Handeln des kapitalistischen Unternehmers und des industriellen Lohnarbeiters, von dem der abstrakten Rechtsperson und des modernen Verwaltungsbeamten abgezogen und an den Kriterien der Wissenschaft wie der Technik festgemacht hat, bestimmte inhaltliche Implikationen hat. Marcuse ist überzeugt, daß sich in dem, was Max Weber »Rationalisierung« genannt hat, nicht »Rationalität« als solche, sondern im Namen der Rationalität eine bestimmte Form uneingestandener politischer Herrschaft durchsetzt. Weil sich Rationalität dieser Art auf die richtige Wahl zwischen Strategien, die angemessene Verwendung von Technologien und die zweckmäßige Einrichtung von Systemen (bei *gesetzten* Zielen in *gegebenen* Situationen) erstreckt, entzieht sie den gesamtgesellschaftlichen Interessenzusammenhang, in dem Strategien gewählt, Technologien verwendet und Systeme eingerichtet werden, der Reflexion und einer vernünftigen Rekonstruktion. Jene Rationalität erstreckt sich überdies nur auf Relationen möglicher technischer Verfügung und verlangt deshalb einen Typ des Handelns, der Herrschaft, sei es über Natur oder Gesellschaft, impliziert. Zweckrationales Handeln ist seiner Struktur nach die Ausübung von Kontrolle. Deshalb ist die »Rationalisierung« von Lebensverhältnissen nach Maßgabe dieser Rationalität gleichbedeutend mit der Institutionalisierung einer Herrschaft, die als politische unkenntlich wird: die technische Vernunft eines gesellschaftlichen Systems zweckrationalen Handelns gibt ihren politischen Inhalt nicht preis. Marcuses Kritik an Max Weber kommt zu dem Schluß: »Der Begriff der technischen

Vernunft ist vielleicht selbst Ideologie. Nicht erst ihre Verwendung, sondern schon die Technik ist Herrschaft (über die Natur und über den Menschen), methodische, wissenschaftliche, berechnete und berechnende Herrschaft. Bestimmte Zwecke und Interessen der Herrschaft sind nicht erst ›nachträglich‹ und von außen der Technik oktroyiert – sie gehen schon in die Konstruktion des technischen Apparats selbst ein; die Technik ist jeweils ein geschichtlich-gesellschaftliches Projekt; in ihr ist projektiert, was eine Gesellschaft und die sie beherrschenden Interessen mit den Menschen und mit den Dingen zu machen gedenken. Ein solcher Zweck der Herrschaft ist ›material‹ und gehört insofern zur Form selbst der technischen Vernunft.«[1]

Bereits 1956 hatte Marcuse in einem ganz anderen Zusammenhang auf das eigentümliche Phänomen hingewiesen, daß in den industriell fortgeschrittenen kapitalistischen Gesellschaften Herrschaft dazu tendiert, ihren ausbeuterisch-unterdrückenden Charakter zu verlieren und »rational« zu werden, ohne daß damit politische Herrschaft verschwände: »Herrschaft ist nur noch bedingt durch die Fähigkeit und das Interesse, den Apparat als ganzes zu erhalten und zu erweitern.«[2] Die Rationalität der Herrschaft bemißt sich an der Aufrechterhaltung eines Systems, das es sich erlauben kann, die an den wissenschaftlich-technischen Fortschritt gekoppelte Steigerung der Produktivkräfte zur Grundlage seiner Legitimation zu machen, obgleich andererseits der Stand der Produktivkräfte gerade auch das Potential bezeichnet, an dem gemessen »die den Individuen auferlegten Verzichte und La-

1 *Industrialisierung und Kapitalismus im Werk Max Webers,* in: *Kultur und Gesellschaft II,* Frankfurt/M. 1965.

2 *Trieblehre und Freiheit,* in: *Freud in der Gegenwart,* Frankf. Beitr. z. Soz. Bd. 6, 1957.

sten immer unnötiger, irrationaler erscheinen.«[3] Marcuse meint, die objektiv überflüssige Repression in der »intensivierten Unterwerfung der Individuen unter den ungeheuren Produktions- und Verteilungsapparat, in der Entprivatisierung der Freizeit, in der beinahe ununterscheidbaren Verschmelzung von konstruktiver und destruktiver gesellschaftlicher Arbeit« zu erkennen. Paradoxerweise kann aber diese Repression aus dem Bewußtsein der Bevölkerung verschwinden, weil die Legitimation der Herrschaft einen neuen Charakter angenommen hat: nämlich den Hinweis auf »die stetig wachsende Produktivität und Naturbeherrschung, die auch die Individuen immer komfortabler am Leben erhält«.

Der mit dem wissenschaftlich-technischen Fortschritt institutionalisierte Zuwachs der Produktivkräfte sprengt alle geschichtlichen Proportionen. Daraus zieht der institutionelle Rahmen seine Legitimationschance. Der Gedanke, daß die Produktionsverhältnisse am Potential der entfalteten Produktivkräfte gemessen werden könnten, wird dadurch abgeschnitten, daß sich die bestehenden Produktionsverhältnisse als die *technisch notwendige* Organisationsform einer rationalisierten Gesellschaft *präsentieren.* »Rationalität« im Sinne Max Webers zeigt hier ihr doppeltes Gesicht: sie ist nicht mehr nur kritischer Maßstab für den Stand der Produktivkräfte, vor dem die objektiv überflüssige Repressivität geschichtlich überfälliger Produktionsverhältnisse entlarvt werden kann, sondern zugleich der apologetische Maßstab, an dem diese selben Produktionsverhältnisse als ein funktionsgerechter institutioneller Rahmen auch gerechtfertigt werden können. Ja, im Verhältnis zu ihrer apologetischen Brauchbarkeit wird »Rationalität« als Maßstab der Kritik entschärft und zum Korrektiv *innerhalb* des Systems herab-

3 ebd. S. 403.

gesetzt; was sich so noch sagen läßt, ist allenfalls, daß die Gesellschaft »falsch programmiert« sei. Die Produktivkräfte scheinen also auf dem Niveau ihrer wissenschaftlich-technischen Entfaltung in eine neue Konstellation zu den Produktionsverhältnissen zu treten: sie fungieren nun nicht mehr für eine politische Aufklärung als Grundlage der Kritik geltender Legitimationen, sondern werden selbst Legitimationsgrundlage. *Dies* begreift Marcuse als das welthistorisch Neue.

Wenn es sich aber so verhält, muß dann nicht die Rationalität, die in den Systemen zweckrationalen Handelns verkörpert wird, als eine spezifisch beschränkte verstanden werden? Muß die Rationalität von Wissenschaft und Technik, statt auf invariante Regeln der Logik und des erfolgskontrollierten Handelns zurückgeführt zu werden, nicht schon ein inhaltliches, historisch entstandenes und also vergängliches Apriori in sich aufgenommen haben? Marcuse bejaht diese Frage: »Die Prinzipien der modernen Wissenschaft waren a priori so strukturiert, daß sie als begriffliche Instrumente einem Universum sich automatisch vollziehender, produktiver Kontrolle dienen konnten; der theoretische Operationalismus entsprach schließlich dem praktischen. Die wissenschaftliche Methode, die zur stets wirksamer werdenden Naturbeherrschung führte, lieferte dann auch die reinen Begriffe wie die Instrumente zur stets wirksamer werdenden Herrschaft des Menschen über den Menschen *vermittels* der Naturbeherrschung [. . .]. Heute verewigt und erweitert sich die Herrschaft nicht nur vermittels der Technologie, sondern *als* Technologie, und diese liefert der expansiven politischen Macht, die alle Kulturbereiche in sich aufnimmt, die große Legitimation. In diesem Universum liefert die Technologie auch die große Rationalisierung der Unfreiheit des Menschen und beweist die »technische« Unmöglichkeit, autonom zu sein, sein Leben

selbst zu bestimmen. Denn diese Unfreiheit erscheint weder als irrational noch als politisch, sondern vielmehr als Unterwerfung unter den technischen Apparat, der die Bequemlichkeiten des Lebens erweitert und die Arbeitsproduktivität erhöht. Technologische Rationalität schützt auf diese Weise eher die Rechtmäßigkeit von Herrschaft, als daß sie sie abschafft, und der instrumentalistische Horizont der Vernunft eröffnet sich zu einer auf rationale Art totalitären Gesellschaft.«[4]
Max Webers »Rationalisierung« ist nicht nur ein langfristiger Prozeß der Veränderung gesellschaftlicher Strukturen, sondern zugleich »Rationalisierung« im Sinne Freuds: das wahre Motiv, die Aufrechterhaltung objektiv überfälliger Herrschaft, wird durch die Berufung auf technische Imperative verdeckt. Diese Berufung ist nur möglich, weil die Rationalität von Wissenschaft und Technik schon immanent eine der Verfügung, eine Rationalität der Herrschaft ist.
Dieses Konzept, daß die Rationalität der neuzeitlichen Wissenschaft eine geschichtliche Formation ist, verdankt Marcuse ebenso Husserls Abhandlung über die Krisis der europäischen Wissenschaft wie Heideggers Destruktion der abendländischen Metaphysik. In materialistischem Zusammenhang hat Bloch den Gesichtspunkt entfaltet, daß die bereits kapitalistisch entstellte Rationalität der Wissenschaft auch der modernen Technik die Unschuld einer reinen Produktivkraft raubt. Aber erst Marcuse macht den »politischen Inhalt der technischen Vernunft« zum analytischen Ausgangspunkt einer Theorie der spätkapitalistischen Gesellschaft. Weil er diesen Gesichtspunkt nicht nur philosophisch entwickeln, sondern in der soziologischen Analyse auch bewähren möchte, können sich die Schwierigkeiten der Konzeption zeigen. Ich möchte hier nur auf eine Unsicherheit hinweisen, die sich bei Marcuse selbst ergibt.

4 *Der eindimensionale Mensch*, Neuwied 1967, S. 172 ff.

II.

Wenn das Phänomen, an dem Marcuse seine Gesellschaftsanalyse festmacht, eben die eigentümliche *Verschmelzung von Technik und Herrschaft*, Rationalität und Unterdrückung, nicht anders gedeutet werden könnte als dadurch, daß im materialen Apriori von Wissenschaft und Technik ein durch Klasseninteresse und geschichtliche Situation bestimmter Weltenentwurf, ein »Projekt«, wie Marcuse im Anschluß an den phänomenologischen Sartre sagt, steckt – dann wäre eine Emanzipation nicht zu denken ohne eine Revolutionierung von Wissenschaft und Technik selber. Marcuse ist an einigen Stellen in Versuchung, dieser Idee einer Neuen Wissenschaft im Zusammenhang mit der aus jüdischer und protestantischer Mystik vertrauten Verheißung einer »Resurrektion der gefallenen Natur« zu folgen: ein Topos, der bekanntlich über den schwäbischen Pietismus in Schellings (und Baaders) Philosophie eingedrungen ist, bei Marx in den *Pariser Manuskripten* wiederkehrt, heute den Zentralgedanken der Blochschen Philosophie bestimmt und, in reflektierter Form, auch die geheimeren Hoffnungen Benjamins, Horkheimers und Adornos lenkt. So auch Marcuse: »Was ich herauszustellen versuche, ist, daß die Wissenschaft *aufgrund ihrer eigenen Methode* und Begriffe ein Universum entworfen und befördert hat, worin die Naturbeherrschung mit der Beherrschung des Menschen verbunden blieb – ein Band, das dazu tendiert, sich für dieses Universum als Ganzes verhängnisvoll auszuwirken. Wissenschaftlich begriffen und gemeistert, erscheint Natur aufs neue in dem technischen Produktions- und Destruktionsapparat, der das Leben der Individuen erhält und verbessert und sie zugleich den Herren des Apparats unterwirft. So verschmilzt die rationale Hierarchie mit der gesellschaftlichen. Wenn dem so ist, würde die Änderung der Richtung des Fortschritts, die dieses verhängnisvolle Band lösen könnte, auch die Struktur der Wissenschaft selbst beeinflussen – den Entwurf der Wissenschaft. Ohne ihren rationalen Charakter zu verlieren, würden ihre Hypothesen sich in einem wesentlich anderen Erfahrungszusammenhang (in dem einer befriedeten Welt) entwickeln; die Wissenschaft würde folglich zu *wesentlich anderen Begriffen* der Natur gelangen und *wesentlich andere Tatsachen* feststellen.«[5]

Marcuse faßt konsequenterweise nicht nur eine andere Theoriebildung, sondern eine prinzipiell verschiedene Methodologie der Wissenschaft ins Auge. Der transzendentale Rahmen, in dem Natur zum Objekt einer neuen Erfahrung gemacht würde, wäre dann nicht länger der Funktionskreis instrumentalen Handelns, sondern anstelle des Gesichtspunktes möglicher technischer Verfügung träte der einer, Potentiale der Natur freisetzenden, Hege und Pflege: »es gibt zwei Arten von Herrschaft: eine repressive und eine befreiende.«[6] Dem ist entgegenzuhalten, daß die neuzeitliche Wissenschaft als ein historisch einmaliges Projekt nur aufgefaßt werden könnte, wenn mindestens *ein* alternativer Entwurf denkbar wäre. Und ferner müßte eine alternative Neue Wissenschaft die Definition einer Neuen Technik einschließen. Diese Überlegung ernüchtert, weil Technik, wenn sie überhaupt auf einen Entwurf zurückgeht, offenbar nur auf ein »Projekt« der Menschengattung *insgesamt* zurückgeführt werden kann und nicht auf ein historisch überholbares.

Arnold Gehlen hat, wie mir scheint zwingend, darauf hingewiesen, daß zwischen der uns bekannten Technik und der Struktur zweckrationalen Handelns ein immanenter Zusam-

5 ebd. S. 180 f.
6 ebd. S. 247.

menhang besteht. Wenn wir den Funktionskreis erfolgskontrollierten Handelns als die Vereinigung von rationaler Entscheidung und instrumentalem Handeln verstehen, dann können wir die Geschichte der Technik unter dem Gesichtspunkt der schrittweisen Objektivation zweckrationalen Handelns rekonstruieren. Jedenfalls fügt sich die technische Entwicklung dem Interpretationsmuster, als hätte die Menschengattung die elementaren Bestandteile des Funktionskreises zweckrationalen Handelns, der zunächst am menschlichen Organismus festsitzt, einen nach dem anderen auf die Ebene technischer Mittel projiziert und sich selbst von den entsprechenden Funktionen entlastet.[7] Zuerst sind die Funktionen des Bewegungsapparats (Hände und Beine) verstärkt und ersetzt worden, dann die Energieerzeugung (des menschlichen Körpers), dann die Funktionen des Sinnesapparates (Augen, Ohren, Haut) und schließlich die Funktionen des steuernden Zentrums (des Gehirns). Wenn man sich vergegenwärtigt, daß die technische Entwicklung einer Logik folgt, die der Struktur zweckrationalen und am Erfolg kontrollierten Handelns, und das heißt doch: der Struktur der *Arbeit*, entspricht, dann ist nicht zu sehen, wie wir je, solange die Organisation der menschlichen Natur sich nicht ändert, solange wir mithin unser Leben durch gesellschaftliche Arbeit und mit

7 »Dieses Gesetz sagt ein innertechnisches Geschehen aus, einen Verlauf, der vom Menschen als Ganzes nicht gewollt worden ist, sondern dieses Gesetz greift sozusagen vom Rücken her oder instinktiv durch die gesamte menschliche Kulturgeschichte hindurch. Ferner kann es im Sinne dieses Gesetzes keine Entwicklung der Technik über die Stufe der möglichst vollständigen Automatisierung hinaus geben, denn es sind keine weiteren menschlichen Leistungsbereiche angebbar, die man objektivieren könnte.« (A. Gehlen, *Anthropologische Ansicht der Technik*, in: *Technik im technischen Zeitalter*, 1965.)

Hilfe von Arbeit substituierenden Mitteln erhalten müssen, auf Technik, und zwar auf *unsere* Technik, zugunsten einer qualitativ anderen sollten verzichten können.

Marcuse hat eine alternative *Einstellung* zu Natur im Sinn, aber aus ihr läßt sich nicht die Idee einer Neuen *Technik* gewinnen. Statt Natur als Gegen*stand* möglicher technischer Verfügung zu behandeln, können wir ihr als Gegen*spieler* einer möglichen Interaktion begegnen. Statt der ausgebeuteten Natur können wir die brüderliche suchen. Auf der Ebene einer noch unvollständigen Intersubjektivität können wir Tieren und Pflanzen, selbst den Steinen, Subjektivität zumuten und mit Natur *kommunizieren,* statt sie, unter Abbruch der Kommunikation, bloß zu *bearbeiten.* Und eine eigentümliche Anziehungskraft, um das mindeste zu sagen, hat jene Idee behalten, daß eine noch gefesselte Subjektivität der Natur nicht wird entbunden werden können, bevor nicht die Kommunikation der Menschen untereinander von Herrschaft frei ist. Erst wenn die Menschen zwanglos kommunizierten und jeder sich im anderen erkennen könnte, könnte womöglich die Menschengattung Natur als ein anderes Subjekt – nicht, wie der Idealismus wollte, sie als ihr Anderes, sondern sich als das Andere dieses Subjektes – erkennen.

Wie immer dem sei, die Leistungen der Technik, die als solche unverzichtbar sind, könnten durch eine Natur, die die Augen aufschlägt, gewiß nicht substituiert werden. Die Alternative zur bestehenden Technik, der Entwurf der Natur als des Gegenspielers statt des Gegenstandes, bezieht sich auf eine alternative Handlungsstruktur: auf symbolisch vermittelte Interaktion im Unterschied zum zweckrationalen Handeln. Das heißt aber, daß beide Entwürfe Projektionen der Arbeit und der Sprache sind, Projekte der Menschengattung *insgesamt* und nicht einer einzelnen Epoche, einer bestimmten

Klasse, einer überholbaren Situation. So wenig die Idee einer Neuen Technik trägt, so wenig läßt sich die einer Neuen Wissenschaft konsequent denken, wenn anders Wissenschaft in unserem Zusammenhang die moderne, auf die Einstellung möglicher technischer Verfügbarkeit verpflichtete Wissenschaft heißen soll: auch für ihre Funktion, wie für den wissenschaftlich-technischen Fortschritt überhaupt, gibt es kein Substitut, das »humaner« wäre.

Marcuse selbst scheinen Zweifel zu befallen, ob es sinnvoll ist, die Rationalität von Wissenschaft und Technik auf einen »Entwurf« zu relativieren. An vielen Stellen des *One-Dimensional Man* meint Revolutionierung doch nur eine Veränderung des institutionellen Rahmens, von der die Produktivkräfte als solche unberührt bleiben. Die Struktur des wissenschaftlich-technischen Fortschritts bliebe dann erhalten, nur die dirigierenden Werte änderten sich. Neue Werte würden in technisch lösbare Aufgaben übersetzt; das Neue wäre die *Richtung* dieses Fortschritts, aber der Maßstab der Rationalität selber bliebe unverändert: »Als ein Universum von Mitteln kann die Technik ebenso die Schwäche wie die Macht des Menschen vermehren. Auf der gegenwärtigen Stufe ist er vielleicht ohnmächtiger als je zuvor gegenüber seinem eigenen Apparat.«[8]

Dieser Satz stellt die politische Unschuld der Produktivkräfte wieder her. Marcuse erneuert hier nur die klassische Bestimmung des Verhältnisses von Produktivkräften und Produktionsverhältnissen. Aber damit trifft er die neue Konstellation, die er treffen möchte, so wenig wie mit der Behauptung, daß die Produktivkräfte politisch verderbt seien durch und durch. Die eigentümliche »Rationalität« von Wissenschaft und Technik, die einerseits ein wachsendes, den institutionel-

8 *Der eindimensionale Mensch*, a.a.O., S. 246.

len Rahmen nach wie vor bedrohendes Potential von überschießenden Produktivkräften kennzeichnet, und andererseits *auch* den Maßstab zur Legitimation der einschränkenden Produktionsverhältnisse selber abgibt – die Zwiespältigkeit dieser Rationalität wird weder durch eine Historisierung des Begriffs noch durch eine Rückkehr zur orthodoxen Auffassung, wird weder von dem Modell des *Sündenfalls* noch von dem der *Unschuld* des wissenschaftlich-technischen Fortschritts zureichend repräsentiert. Die besonnenste Formulierung des Sachverhalts, den es zu begreifen gilt, scheint mir die folgende zu sein: »Das technologische Apriori ist insofern ein politisches Apriori, als die Umgestaltung der Natur die des Menschen zur Folge hat und als die ›vom Menschen hervorgebrachten Schöpfungen‹ aus einem gesellschaftlichen Ganzen hervor- und in es zurückgehen. Dennoch kann man darauf bestehen, daß die Maschinerie des technologischen Universums ›als solche‹ politischen Zwecken gegenüber indifferent ist – sie kann eine Gesellschaft nur beschleunigen oder hemmen. Eine elektronische Rechenmaschine kann einem kapitalistischen wie einem sozialistischen Regime dienen; ein Zyklotron kann für eine Kriegs- wie für eine Friedenspartei ein gleich gutes Werkzeug sein [...]. Wird die Technik jedoch zur umfassenden Form der materiellen Produktion, so umschreibt sie eine ganze Kultur; sie entwirft eine geschichtliche Totalität – eine ›Welt‹.«[9]

Die Schwierigkeit, die Marcuse mit dem Ausdruck des politischen Gehalts der technischen Vernunft nur zudeckt, ist die, kategorial genau zu bestimmen, was das heißt: daß sich die rationale Form von Wissenschaft und Technik, also die in Systemen zweckrationalen Handelns verkörperte Rationalität, zur Lebensform, zur »geschichtlichen Totalität« einer

9 ebd. S. 168 f.

Lebenswelt erweitert. Max Weber hatte mit Rationalisierung der Gesellschaft diesen selben Vorgang bezeichnen und explizieren wollen. Ich meine, daß das weder Max Weber noch Herbert Marcuse befriedigend gelungen ist. Darum möchte ich versuchen, Max Webers Begriff der Rationalisierung in einem anderen Bezugssystem neu zu formulieren, um auf dieser Grundlage Marcuses Kritik an Weber ebenso wie seine These von der Doppelfunktion des wissenschaftlich-technischen Fortschritts (als Produktivkraft und Ideologie) zu erörtern. Ich schlage ein Interpretationsschema vor, das im Rahmen eines Essays eingeführt, aber nicht ernstlich auf seine Brauchbarkeit überprüft werden kann. Die historischen Verallgemeinerungen dienen deshalb nur der Erläuterung des Schemas; die Durchführung der Interpretation selber können sie nicht ersetzen.

III.

Max Weber hat mit dem Begriff »Rationalisierung« den Versuch gemacht, die Rückwirkungen des wissenschaftlich-technischen Fortschritts auf den institutionellen Rahmen von Gesellschaften zu fassen, die in »Modernisierung« begriffen sind. Er teilt dieses Interesse mit der älteren Soziologie überhaupt. Deren Paarbegriffe kreisen alle um dasselbe Problem: nämlich begrifflich den institutionellen Wandel zu konstruieren, der durch die Erweiterung der Sub-Systeme zweckrationalen Handelns erzwungen wird. Status und Kontrakt, Gemeinschaft und Gesellschaft, mechanische und organische Solidarität, informelle und formelle Gruppen, primäre und sekundäre Beziehungen, Kultur und Zivilisation, traditionelle und bürokratische Herrschaft, sakrale und säkulare Verbände, militärische und industrielle Gesellschaft, Stand und Klasse usw.: so viele Paarbegriffe und ebenso viele Versuche, den strukturellen Wandel des institutionellen Rahmens einer traditionalen Gesellschaft im Übergang zu einer modernen zu treffen. Sogar Parsons Katalog der möglichen Alternativen von Wertorientierungen gehört in die Reihe dieser Versuche, wenn auch uneingestandenermaßen. Parsons stellt den Anspruch, daß seine Liste systematisch die Entscheidungen zwischen alternativen Wertorientierungen darstellt, die bei *jeder beliebigen* Handlung vom Subjekt gefällt werden müssen, ohne daß es auf den besonderen kulturellen oder geschichtlichen Kontext ankäme. Sieht man sich freilich die Liste an, so kann man den geschichtlichen Stellenwert der Fragestellung, die ihr zugrunde liegt, kaum übersehen. Die vier Paare von alternativen Wertorientierungen:

affectivity	versus	affective neutrality
particularism	versus	universalism
ascription	versus	achievement
diffuseness	versus	specifity,

die *alle* möglichen fundamentalen Entscheidungen erschöpfen sollen, sind auf die Analyse *eines* historischen Vorgangs zugeschnitten. Sie bestimmen nämlich die relevanten Dimensionen der Änderung dominanter Einstellungen beim Übergang von einer traditionalen zur modernen Gesellschaft. Eine Orientierung am Aufschub von Gratifikationen, an allgemeinen Normen, an individueller Leistung und aktiver Beherrschung, schließlich an spezifischen und an analytischen Beziehungen, wird in den Subsystemen zweckrationalen Handelns in der Tat eher gefordert als die Gegenorientierungen.

Ich möchte, um das, was Max Weber »Rationalisierung« genannt hat, neu zu formulieren, den subjektiven Ansatz, den

Parsons mit Weber teilt, überschreiten und einen anderen kategorialen Rahmen vorschlagen. Ich gehe aus von der fundamentalen Unterscheidung zwischen *Arbeit und Interaktion.*[10]

Unter »Arbeit« oder *zweckrationalem Handeln* verstehe ich entweder instrumentales Handeln oder rationale Wahl oder eine Kombination von beiden. Instrumentales Handeln richtet sich nach *technischen Regeln*, die auf empirischem Wissen beruhen. Sie implizieren in jedem Fall bedingte Prognosen über beobachtbare Ereignisse, physische oder soziale; diese können sich als triftig oder unwahr erweisen. Das Verhalten rationaler Wahl richtet sich nach *Strategien*, die auf analytischem Wissen beruhen. Sie implizieren Ableitungen von Präferenzregeln (Wertsystemen) und allgemeinen Maximen; diese Sätze sind entweder korrekt oder falsch abgeleitet. Zweckrationales Handeln verwirklicht definierte Ziele unter gegebenen Bedingungen; aber während instrumentales Handeln Mittel organisiert, die angemessen oder unangemessen sind nach Kriterien einer wirksamen Kontrolle der Wirklichkeit, hängt das strategische Handeln nur von einer korrekten Bewertung möglicher Verhaltensalternativen ab, die sich allein aus einer Deduktion unter Zuhilfenahme von Werten und Maximen ergibt.

Unter *kommunikativem Handeln* verstehe ich andererseits eine symbolisch vermittelte Interaktion. Sie richtet sich nach obligatorisch *geltenden Normen*, die reziproke Verhaltenserwartungen definieren und von mindestens zwei handelnden Subjekten verstanden und anerkannt werden müssen. Gesell-

10 Vgl. für den philosophiegeschichtlichen Kontext dieser Begriffe meinen Beitrag zur Löwith-Festschrift: *Arbeit und Interaktion, Bemerkungen zu Hegels Jenenser Philosophie des Geistes*, in diesem Band S. 9 ff.

schaftliche Normen sind durch Sanktionen bekräftigt. Ihr Sinn objektiviert sich in umgangssprachlicher Kommunikation. Während die Geltung technischer Regeln und Strategien von der Gültigkeit empirisch wahrer oder analytisch richtiger Sätze abhängt, ist die Geltung gesellschaftlicher Normen allein in der Intersubjektivität der Verständigung über Intentionen begründet und durch die allgemeine Anerkennung von Obligationen gesichert. In beiden Fällen hat die Regelverletzung verschiedene Folgen. Ein *inkompetentes* Verhalten, das bewährte technische Regeln oder richtige Strategien verletzt, ist per se durch den Mißerfolg zum Versagen verurteilt; die »Strafe« ist sozusagen in das Scheitern an der Realität eingebaut. Ein *abweichendes* Verhalten, das geltende Normen verletzt, löst Sanktionen aus, die nur äußerlich, nämlich durch Konvention, mit den Regeln verknüpft sind. Gelernte Regeln zweckrationalen Handelns statten uns mit der Disziplin von *Fertigkeiten*, verinnerlichte Normen mit der von *Persönlichkeitsstrukturen* aus. Fertigkeiten setzen uns instand, Probleme zu lösen, Motivationen erlauben uns, Normenkonformität zu üben. Das folgende Diagramm faßt die Bestimmungen zusammen, sie bedürfen einer genaueren Explikation, die ich an dieser Stelle nicht geben kann. Nicht berücksichtigt ist zunächst die unterste Querspalte; sie erinnert an die Aufgabe, um deren Lösung willen ich die Unterscheidung zwischen Arbeit und Interaktion einführe.

Wir können anhand der beiden Handlungstypen gesellschaftliche Systeme danach unterscheiden, ob in ihnen zweckrationales Handeln oder Interaktion überwiegt. Der *institutionelle* Rahmen einer Gesellschaft besteht aus Normen, die sprachlich vermittelte Interaktionen leiten. Aber es gibt Sub-Systeme, wie, um bei Max Webers Beispielen zu bleiben, das Wirtschaftssystem oder der Staatsapparat, in denen hauptsächlich

	Institutioneller Rahmen: symbolisch vermittelte Interaktion	Systeme zweckrationalen (instrumentalen und strategischen) Handelns
Handlungsorientierende Regeln	gesellschaftliche Normen	technische Regeln
Ebene der Definition	intersubjektiv geteilte Umgangssprache	kontextfreie Sprache
Art der Definition	reziproke Verhaltenserwartungen	bedingte Prognosen bedingte Imperative
Mechanismen des Erwerbs	Internalisierung von Rollen	Lernen von Fertigkeiten und Qualifikationen
Funktion des Handlungstyps	Aufrechterhaltung von Institutionen (Normenkonformität auf der Grundlage reziproker Verstärkung)	Problemlösung (Zielerreichung, definiert in Zweck-Mittel-Relationen)
Sanktionen bei Regel-Verletzung	Bestrafung aufgrund konventioneller Sanktionen: Scheitern an Autorität	Erfolglosigkeit: Scheitern an der Realität
»Rationalisierung«	Emanzipation, Individuierung; Ausdehnung herrschaftsfreier Kommunikation	Steigerung der Produktivkräfte; Ausdehnung der technischen Verfügungsgewalt.

Sätze von zweckrationalen Handlungen institutionalisiert sind. Auf der Gegenseite stehen Sub-Systeme, wie Familie und Verwandtschaft, die gewiß mit einer Fülle von Aufgaben und Fertigkeiten verknüpft sind, aber hauptsächlich auf morali-

schen Regeln der Interaktion beruhen. So möchte ich auf analytischer Ebene allgemein unterscheiden zwischen 1. dem *institutionellen Rahmen* einer Gesellschaft oder der soziokulturellen Lebenswelt und 2. den *Sub-Systemen zweckrationalen Handelns*, die darin »eingebettet« sind. Soweit Handlungen durch den institutionellen Rahmen determiniert sind, werden sie durch sanktionierte und wechselseitig verschränkte Verhaltenserwartungen zugleich dirigiert und erzwungen. Soweit sie durch Sub-Systeme zweckrationalen *Handelns* bestimmt sind, folgen sie den Mustern instrumentalen oder strategischen Handelns. Eine Garantie, *daß* sie mit hinlänglicher Wahrscheinlichkeit bestimmten technischen Regeln und erwarteten Strategien folgen, kann freilich immer nur durch Institutionalisierung erreicht werden.
Max Webers Begriff der »Rationalisierung« können wir mit Hilfe dieser Unterscheidungen neu formulieren.

IV.

»Traditionale Gesellschaft« hat sich als Titel für alle die Gesellschaftssysteme eingebürgert, die im allgemeinen den Kriterien von Hochkulturen (civilizations) entsprechen. Diese repräsentieren eine bestimmte Stufe in der Entwicklungsgeschichte der Menschengattung. Sie unterscheiden sich von primitiveren Gesellschaftsformen: 1. durch den Tatbestand einer zentralisierten Herrschaftsgewalt (staatliche Organisation der Herrschaft gegenüber Stammesorganisation); 2. durch die Spaltung der Gesellschaft in sozioökonomische Klassen (Verteilung der sozialen Lasten und Entschädigungen auf die Individuen nach Klassenzugehörigkeit und nicht nach Kriterien von Verwandtschaftsbeziehungen); 3. durch die Tatsache, daß irgendein zentrales Weltbild (Mythos, Hochreligion) zum Zwecke einer wirksamen Legitimation der Herrschaft in Kraft ist. Hochkulturen sind auf der Grundlage einer relativ entwickelten Technik und einer arbeitsteiligen Organisation des gesellschaftlichen Produktionsprozesses, die ein Mehrprodukt, also einen Güterüberschuß über die Befriedigung unmittelbarer und elementarer Bedürfnisse hinaus ermöglichen, etabliert. Sie verdanken ihre Existenz der Lösung des Problems, das sich mit der Erzeugung eines Mehrprodukts erst stellt, des Problems nämlich: Reichtum und Arbeit nach anderen Kriterien als nach denen, die ein Verwandtschaftssystem zur Verfügung stellt, *ungleich* und doch *legitim* zu verteilen.[11]

Für unseren Zusammenhang ist nun der Umstand relevant, daß Hochkulturen, auf der Basis einer von Landwirtschaft und Handwerk abhängigen Ökonomie, technische Neuerungen und organisatorische Verbesserungen trotz erheblicher Niveauunterschiede nur innerhalb bestimmter Grenzen toleriert haben. Als Indexziffer für die traditionellen Grenzen der Entfaltung der Produktivkräfte nenne ich die Tatsache, daß bis vor etwa dreihundert Jahren kein großes Gesellschaftssystem mehr als das Äquivalent von höchstens 200 Dollar pro Kopf und Jahr produziert hat. Das stabile Muster einer vorkapitalistischen Produktionsweise, einer vorindustriellen Technik und einer vormodernen Wissenschaft ermöglicht ein typisches Verhältnis des institutionellen Rahmens zu den Sub-Systemen zweckrationalen Handelns: diese Sub-Systeme, die sich, vom System der gesellschaftlichen Arbeit und dem darin angesammelten Stock technisch verwertbaren Wissens ausgehend, entwickeln, haben trotz beträchtlicher Fort-

11 Vgl. dazu: G. E. Lenski, *Power and Privilege, A Theory of Social Stratification*, New York 1966.

schritte niemals jenen Grad der Ausbreitung erreicht, von dem an ihre »Rationalität« zur offenen Bedrohung für die Autorität der herrschaftslegitimierenden kulturellen Überlieferungen geworden wäre. Der Ausdruck »traditionale Gesellschaft« bezieht sich auf den Umstand, daß der institutionelle Rahmen auf der fraglosen Legitimationsgrundlage von mythischen, religiösen oder metaphysischen Deutungen der Realität im ganzen – des Kosmos ebenso wie der Gesellschaft – ruht. »Traditionale« Gesellschaften existieren solange, als sich die Entwicklung der Sub-Systeme zweckrationalen Handelns *innerhalb der Grenzen der legitimierenden Wirksamkeit* von kulturellen Überlieferungen hält.[12] Das begründet eine »Überlegenheit« des institutionellen Rahmens, die nicht etwa Umstrukturierungen im Gefolge eines überschießenden Potentials von Produktivkräften ausschließt, wohl aber die kritische Auflösung der traditionalen *Form* der Legitimation. Diese Unangreifbarkeit ist ein sinnvolles Kriterium für die Abgrenzung traditionaler Gesellschaften von solchen, die die Schwelle zur Modernisierung überschritten haben.

Das »Überlegenheitskriterium« ist mithin auf alle die Zustände einer staatlich organisierten Klassengesellschaft anwendbar, die dadurch ausgezeichnet sind, daß die kulturelle Geltung intersubjektiv geteilter Traditionen (die eine bestehende Herrschaftsordnung legitimieren) nicht explizit und folgenreich nach Maßstäben der universell geltenden Rationalität, sei es instrumentaler oder strategischer Zweck-Mittel-Beziehungen, in Frage gestellt wird. Erst seitdem die kapitalistische Produktionsweise das Wirtschaftssystem mit einem Regelmechanismus für ein zwar nicht krisenfreies, aber auf lange Sicht stetiges Wachstum der Produktivität der Arbeit ausstattet, wird die Einführung neuer Technologien und

12 Vgl. P. L. Berger, *The Sacred Canopy*, New York 1967.

neuer Strategien, wird die *Neuerung* als solche *institutionalisiert.* Die kapitalistische Produktionsweise kann, wie Marx und Schumpeter je auf ihre Weise vorgeschlagen haben, als Mechanismus begriffen werden, der eine *permanente* Erweiterung der Sub-Systeme zweckrationalen Handelns garantiert und damit die traditionalistische »Überlegenheit« des institutionellen Rahmens gegenüber den Produktivkräften erschüttert. Der Kapitalismus ist weltgeschichtlich die erste Produktionsweise, die selbstgeregeltes wirtschaftliches Wachstum institutionalisiert hat: er hat einen Industrialismus erst hervorgebracht, der dann von dem institutionellen Rahmen des Kapitalismus gelöst und an anderen Mechanismen als den der Kapitalverwertung in privater Form festgemacht werden konnte.

Die Schwelle zwischen der traditionalen und der in den Modernisierungsprozeß eintretenden Gesellschaft ist *nicht* dadurch charakterisiert, daß unter dem Druck relativ entfalteter Produktivkräfte eine strukturelle Wandlung des institutionellen Rahmens erzwungen wird – das ist der Mechanismus der Entwicklungsgeschichte der Gattung von Anbeginn. Neu ist vielmehr ein Entwicklungsstand der Produktivkräfte, der die Ausdehnung der Sub-Systeme zweckrationalen Handelns permanent macht und dadurch die hochkulturelle Form der Legitimation von Herrschaft durch kosmologische Weltinterpretationen in Frage stellt. Diese mythischen, religiösen und metaphysischen Weltbilder gehorchen der Logik von Zusammenhängen der Interaktion. Sie geben Antwort auf die zentralen Menschheitsprobleme des Zusammenlebens und der individuellen Lebensgeschichte. Ihre Themen sind Gerechtigkeit und Freiheit, Gewalt und Unterdrückung, Glück und Befriedigung, Elend und Tod. Ihre Kategorien sind Sieg und Niederlage, Liebe und Haß, Erlösung und Verdammnis. Ihre

Logik bemißt sich an der Grammatik einer entstellten Kommunikation und an der schicksalhaften Kausalität abgespaltener Symbole und unterdrückter Motive.[13] Die an kommunikatives Handeln geknüpfte Rationalität von Sprachspielen wird nun, an der Schwelle der Moderne, mit einer Rationalität von Zweck-Mittel-Beziehungen konfrontiert, die an instrumentales und strategisches Handeln geknüpft ist. Sobald es zu dieser Konfrontation kommen kann, beginnt das Ende der traditionalen Gesellschaft: die Form der Legitimation von Herrschaft versagt.

Der Kapitalismus ist durch eine Produktionsweise definiert, die dieses Problem nicht nur stellt, sondern auch löst. Er bietet eine Legitimation der Herrschaft an, die nicht mehr vom Himmel kultureller Überlieferung herabgeholt, sondern von der Basis der gesellschaftlichen Arbeit heraufgeholt werden kann. Die Institution des Marktes, auf dem private Eigentümer Waren tauschen, einschließlich des Marktes, an dem die eigentumslosen Privatleute als einzige Ware ihre Arbeitskraft tauschen, verspricht die Gerechtigkeit der Äquivalenz von Tauschbeziehungen. Auch diese bürgerliche Ideologie macht mit der Kategorie der Gegenseitigkeit noch ein Verhältnis des kommunikativen Handelns zur Grundlage der Legitimation. Aber das Prinzip der Gegenseitigkeit ist nun Organisationsprinzip der gesellschaftlichen Produktions- und Reproduktionsprozesse selber. Deshalb kann politische Herrschaft fortan »von unten« statt »von oben« (durch Berufung auf kulturelle Überlieferung) legitimiert werden.

Wenn wir davon ausgehen, daß die Spaltung einer Gesellschaft in sozioökonomische Klassen auf einer gruppenspezifischen Verteilung der jeweils relevanten Produktionsmittel

13 Vgl. dazu meine Untersuchung: *Erkenntnis und Interesse*, Frankfurt/M. 1968.

beruht, wobei diese Verteilung wiederum auf die Institutionalisierung von Verhältnissen sozialer Gewalt zurückgeht, dann dürfen wir annehmen, daß dieser institutionelle Rahmen in allen Hochkulturen mit dem politischen Herrschaftssystem identisch gewesen ist: die traditionale Herrschaft war politische Herrschaft. Erst mit der kapitalistischen Produktionsweise kann die Legitimation des institutionellen Rahmens unmittelbar mit dem System der gesellschaftlichen Arbeit verbunden werden. Nun erst kann die Eigentumsordnung aus einem *politischen Verhältnis* zu einem *Produktionsverhältnis* werden, weil sie sich an der Rationalität des Marktes, der Ideologie der Tauschgesellschaft, legitimiert und nicht mehr an einer legitimen Herrschaftsordnung. Das Herrschaftssystem kann vielmehr seinerseits an den legitimen Verhältnissen der Produktion gerechtfertigt werden: das ist der eigentliche Inhalt des rationalen Naturrechts von Locke bis Kant.[14] Der institutionelle Rahmen der Gesellschaft ist nur mittelbar politisch und unmittelbar ökonomisch (der bürgerliche Rechtsstaat als »Überbau«).

Die Überlegenheit der kapitalistischen Produktionsweise über die vorangegangenen ist in beidem begründet: in der Einrichtung eines ökonomischen Mechanismus, der die Erweiterung der Sub-Systeme zweckrationalen Handelns auf Dauer stellt, und in der Schaffung einer ökonomischen Legitimation, unter der das Herrschaftssystem an die neuen Rationalitätsforderungen dieser fortschreitenden Sub-Systeme angepaßt werden kann. Diesen Anpassungsprozeß begreift Max Weber

14 Vgl. Leo Strauss, *Naturrecht und Geschichte*, 1953; C. B. MacPherson, *Die politische Theorie des Besitzindividualismus*, Frankfurt/M. 1967; J. Habermas, *Die klassische Lehre von der Politik in ihrem Verhältnis zur Sozialphilosophie*, in: *Theorie und Praxis*², Neuwied 1967.

als »Rationalisierung«. Dabei können wir zwei Tendenzen unterscheiden, eine Rationalisierung »von unten« und eine Rationalisierung »von oben«.

Von unten entsteht ein permanenter Anpassungsdruck, sobald mit der Institutionalisierung eines territorialen Tauschverkehrs für Güter und Arbeitskräfte auf der einen, des kapitalistischen Unternehmens auf der anderen Seite die neue Produktionsweise sich durchsetzt. Im System der gesellschaftlichen Arbeit ist ein kumulativer Fortschritt der Produktivkräfte, und davon ausgehend eine horizontale Ausdehnung der Sub-Systeme zweckrationalen Handelns gesichert – freilich um den Preis wirtschaftlicher Krisen. Dadurch werden die traditionalen Zusammenhänge zunehmend Bedingungen der instrumentalen oder der strategischen Rationalität unterworfen: die Organisation der Arbeit und des wirtschaftlichen Verkehrs, das Netzwerk des Transports, der Nachrichten und der Kommunikation, die Institute des privaten Rechtsverkehrs und, ausgehend von der Finanzverwaltung, die staatliche Bürokratie. So entsteht die Infrastruktur einer Gesellschaft unter Modernisierungszwang. Sie ergreift nach und nach alle Lebensbereiche: Militär, Schulsystem, Gesundheitswesen, selbst die Familie, und erzwingt, gleichviel ob in der Stadt oder auf dem Lande, eine Urbanisierung der Lebens*form*, d. h. Subkulturen, die den Einzelnen darin einüben, jederzeit von einem Interaktionszusammenhang auf zweckrationales Handeln »umschalten« zu können.

Dem Rationalisierungsdruck *von unten* entspricht ein Rationalisierungszwang *von oben*, denn die herrschaftslegitimierenden und handlungsorientierenden Überlieferungen, insbesondere die kosmologischen Weltinterpretationen, büßen nach den neuen Maßstäben der Zweckrationalität ihre Verbindlichkeit ein. Das, was Max Weber Säkularisierung nannte, hat auf dieser Stufe der Verallgemeinerung drei Aspekte. Die traditionellen Weltbilder und Objektivationen verlieren 1. *als* Mythos, *als* öffentliche Religion, *als* eingewöhnter Ritus, *als* rechtfertigende Metaphysik, *als* fraglose Tradition ihre Macht und ihre Geltung. Sie werden statt dessen 2. in subjektive Glaubensmächte und Ethiken umgebildet, die die private Verbindlichkeit der modernen Wertorientierungen sichern (»Protestantische Ethik«); und sie werden 3. zu Konstruktionen umgearbeitet, die beides zugleich leisten: eine Kritik der Überlieferung und eine Reorganisation des freigewordenen Materials der Überlieferung nach Prinzipien des formalen Rechtsverkehrs und des Äquivalententausches (Rationales Naturrecht). Die brüchig gewordenen Legitimationen werden durch neue ersetzt, die einerseits aus der Kritik an der Dogmatik der überlieferten Weltinterpretationen hervorgehen und wissenschaftlichen Charakter beanspruchen, die aber andererseits Legitimationsfunktionen behalten und faktische Gewaltverhältnisse somit der Analyse wie dem öffentlichen Bewußtsein entziehen. Erst dadurch entstehen *Ideologien* im engeren Sinn: sie ersetzen die traditionellen Herrschaftslegitimationen, indem sie mit dem Anspruch der modernen Wissenschaft auftreten und sich aus Ideologiekritik rechtfertigen. Ideologien sind gleich ursprünglich mit Ideologiekritik. In diesem Sinne kann es vorbürgerliche »Ideologien« nicht geben.

Die moderne Wissenschaft übernimmt in diesem Zusammenhang eine eigentümliche Funktion. Im Unterschied zu den philosophischen Wissenschaften älteren Typs entfalten sich die modernen Erfahrungswissenschaften seit den Tagen Galileis in einem methodologischen Bezugssystem, das den transzendentalen Gesichtspunkt möglicher technischer Verfügung spiegelt. Die modernen Wissenschaften erzeugen deshalb ein

Wissen, das seiner *Form* (nicht der subjektiven Absicht) nach technisch verwertbares Wissen ist, obwohl sich im allgemeinen die Anwendungschancen erst nachträglich ergaben. Eine Interdependenz von Wissenschaften und Technik bestand bis ins späte 19. Jahrhundert nicht. Die moderne Wissenschaft hat bis dahin nicht zur Beschleunigung der technischen Entwicklung, also auch nicht zu dem Rationalisierungsdruck von unten, beigetragen. Ihr Beitrag zum Modernisierungsprozeß ist vielmehr indirekt. Die neue Physik hat eine philosophische Deutung, die Natur und Gesellschaft komplementär zu den Naturwissenschaften interpretiert, sie hat das mechanistische Weltbild des 17. Jahrhunderts sozusagen induziert. Die Rekonstruktion des klassischen Naturrechts ist in diesem Rahmen vorgenommen worden. Dieses moderne Naturrecht ist die Grundlage der bürgerlichen Revolutionen des 17., 18. und 19. Jahrhunderts gewesen, durch die die alten Herrschaftslegitimationen endgültig zerstört worden sind.[15]

V.

Bis zur Mitte des 19. Jahrhunderts hatte sich in England und Frankreich die kapitalistische Produktionsweise so weit durchgesetzt, daß Marx den institutionellen Rahmen der Gesellschaft in den Produktionsverhältnissen wiedererkennen und zugleich die Legitimationsgrundlage des Äquivalententausches kritisieren konnte. Er hat die Kritik der bürgerlichen Ideologie in Form der *Politischen Ökonomie* durchgeführt: seine Arbeitswerttheorie zerstörte den Schein der Freiheit, mit dem das Rechtsinstitut des freien Arbeitsvertrages das

15 Vgl. J. Habermas, *Naturrecht und Revolution*, in: *Theorie und Praxis*², Neuwied 1967.

dem Lohnarbeitsverhältnis zugrunde liegende Verhältnis sozialer Gewalt unkenntlich gemacht hatte. Marcuse kritisiert nun an Max Weber, daß er, dieser Marxschen Einsicht ungeachtet, an einem abstrakten Begriff von Rationalisierung festhält, der den klassenspezifischen Inhalt der Anpassung des institutionellen Rahmens an die fortschreitenden Sub-Systeme zweckrationalen Handelns nicht ausspricht, sondern noch einmal verdeckt. Marcuse weiß, daß die Marxsche Analyse auf die spätkapitalistische Gesellschaft, die Max Weber schon vor Augen hatte, nicht mehr umstandslos angewendet werden kann; aber am Beispiel Max Webers wollte er zeigen, daß sich die Entfaltung der modernen Gesellschaft im Rahmen eines staatlich geregelten Kapitalismus den Begriffen entzieht, wenn der liberale Kapitalismus gar nicht erst auf den Begriff gebracht worden ist.

Seit dem letzten Viertel des 19. Jahrhunderts machen sich in den kapitalistisch fortgeschrittensten Ländern *zwei Entwicklungstendenzen* bemerkbar: 1. ein Anwachsen der interventionistischen Staatstätigkeit, welche die Stabilität des Systems sichern muß, und 2. eine wachsende Interdependenz von Forschung und Technik, die die Wissenschaften zur ersten Produktivkraft gemacht hat. Beide Tendenzen zerstören jene Konstellation von institutionellem Rahmen und Sub-Systemen zweckrationalen Handelns, durch die der liberal entfaltete Kapitalismus sich ausgezeichnet hatte. Damit entfallen relevante Anwendungsbedingungen für die Politische Ökonomie in der Fassung, die Marx ihr im Hinblick auf den liberalen Kapitalismus mit Recht gegeben hatte. Für die Analyse der veränderten Konstellation gibt, wie ich meine, Marcuses Grundthese, daß Technik und Wissenschaft heute auch die Funktion von Herrschaftslegitimationen übernehmen, den Schlüssel.

Die Dauerregulierung des Wirtschaftsprozesses durch staatliche Intervention ist aus der Abwehr systemgefährdender Dysfunktionalitäten eines sich selbst überlassenen Kapitalismus hervorgegangen, dessen tatsächliche Entwicklung seiner eigenen Idee einer bürgerlichen Gesellschaft, die sich von Herrschaft emanzipiert und Macht neutralisiert, so offensichtlich zuwiderlief. Die Basisideologie des gerechten Tausches, die Marx theoretisch entlarvt hatte, brach praktisch zusammen. Die Form der privatwirtschaftlichen Kapitalverwertung ließ sich nur aufrechterhalten durch die staatlichen Korrektive einer kreislaufstabilisierenden Sozial- und Wirtschafts*politik.* Der institutionelle Rahmen der Gesellschaft wurde repolitisiert. Er fällt heute nicht mehr unmittelbar mit den Produktionsverhältnissen, also mit einer den kapitalistischen Wirtschaftsverkehr sichernden Privatrechtsordnung und entsprechenden generellen Ordnungsgarantien des bürgerlichen Staates, zusammen. Damit hat sich aber das Verhältnis des Wirtschaftssystems zum Herrschaftssystem verändert; Politik ist nicht mehr *nur* ein Überbauphänomen. Wenn sich die Gesellschaft nicht mehr »autonom« – und das war das eigentlich Neue an der kapitalistischen Produktionsweise –, als eine dem Staat voraus- und zugrunde liegende Sphäre selbstregulierend erhält, stehen Gesellschaft und Staat nicht länger in einem Verhältnis, das die Marxsche Theorie als das von Basis und Überbau bestimmt hatte. Dann kann aber eine kritische Theorie der Gesellschaft auch nicht mehr in der ausschließlichen Form einer Kritik der Politischen Ökonomie durchgeführt werden. Eine Betrachtungsweise, die die ökonomischen Bewegungsgesetze der Gesellschaft methodisch isoliert, kann nur so lange beanspruchen, den Lebenszusammenhang der Gesellschaft in seinen wesentlichen Kategorien zu erfassen, als Politik von der ökonomischen Basis abhängig ist und diese nicht umgekehrt auch schon als eine Funktion von Staatstätigkeit und politisch ausgetragenen Konflikten begriffen werden muß. *Kritik der Politischen Ökonomie* war, Marx zufolge, Theorie der bürgerlichen Gesellschaft nur als *Ideologiekritik*. Wenn aber die Ideologie des gerechten Tausches zerfällt, kann das Herrschaftssystem auch nicht mehr an den Produktionsverhältnissen *unmittelbar* kritisiert werden. Nach dem Zerfall jener Ideologie verlangt politische Herrschaft eine neue Legitimation. Nun, da die indirekt über den Tauschprozeß ausgeübte Macht ihrerseits durch vorstaatlich organisierte und staatlich institutionalisierte Herrschaft kontrolliert wird, kann die Legitimation nicht länger aus einer unpolitischen Ordnung, den Produktionsverhältnissen, abgeleitet werden. Insofern erneuert sich der in den vorkapitalistischen Gesellschaften bestehende Zwang zur direkten Legitimation. Andererseits ist die Wiederherstellung unmittelbar politischer Herrschaft (in einer traditionalen Form der Legitimation aufgrund kultureller Überlieferung) unmöglich geworden. Zum einen sind die Traditionen ohnehin entkräftet worden; und zum anderen können in den industriell entfalteten Gesellschaften die Resultate der bürgerlichen Emanzipation von unmittelbar politischer Herrschaft (die Grundrechte und der Mechanismus allgemeiner Wahlen) nur in Reaktionsperioden völlig ignoriert werden. Die formal-demokratische Herrschaft in Systemen des staatlich geregelten Kapitalismus steht unter einer Legitimationsforderung, die durch Rückgriffe auf die vorbürgerliche Legitimationsform nicht mehr eingelöst werden kann. Darum tritt an die Stelle der Ideologie des freien Tausches eine *Ersatzprogrammatik*, die an den sozialen Folgen nicht der Institution des Marktes, sondern einer die Dysfunktionen des freien Tauschverkehrs kompensierenden Staatstätigkeit orientiert ist. Sie verbindet das Moment der bürgerlichen Leistungsideologie (die freilich die Statuszuweisung nach Maßgabe individueller Leistung vom Markt auf das Schulsystem verschiebt) mit der Garantie von Wohlfahrtsminima, der Aussicht auf Sicherheit des Arbeitsplatzes sowie der Stabilität des Einkommens. Diese Ersatzprogrammatik verpflichtet das Herrschaftssystem darauf, die Stabilitätsbedingungen eines soziale Sicherheit und Chancen persönlichen Aufstiegs gewährenden Gesamtsystems zu erhalten und Wachstumsrisiken vorzubeugen. Das erfordert einen Manipulationsspielraum für staatliche Interventionen, die um den Preis der Einschränkung von Privatrechtsinstitutionen die private Form der Kapitalverwertung sichern *und die Loyalität der Massen an diese Form binden.*

Soweit die Staatstätigkeit auf Stabilität und Wachstum des Wirtschaftssystems gerichtet ist, nimmt nun Politik einen eigentümlich *negativen Charakter* an: sie ist an der Beseitigung von Dysfunktionalitäten und an der Vermeidung von systemgefährdenden Risiken, also nicht an der *Verwirklichung praktischer Ziele*, sondern an der *Lösung technischer Fragen* orientiert. Darauf hat Claus Offe in seinem Beitrag zum diesjährigen Frankfurter Soziologentag hingewiesen: »In dieser Struktur des Verhältnisses von Ökonomie und Staat degeneriert ›Politik‹ zu einem Handeln, das zahlreiche und immer neu auftauchende ›Vermeidungsimperative‹ befolgt, wobei die Masse der differenzierten sozialwissenschaftlichen Informationen, die ins politische System einfließen, sowohl die Früherkennung von Risikozonen wie die Behandlung aktueller Gefährdungen erlaubt. Neu an dieser Struktur ist [. . .], daß die in den Mechanismus privatwirtschaftlicher Kapitalverwertung auf hochorganisierten Märkten eingebauten, aber manipulierbaren Stabilitätsrisiken diejenigen präventiven Handlungen und Maßnahmen vorzeichnen, die akzeptiert werden *müssen*, solange sie mit dem bestehenden Legitimationsangebot (d. h. der Ersatzprogrammatik) in Einklang zu bringen sind.«[16]

Offe sieht, daß die Staatstätigkeit durch diese präventiven Handlungsorientierungen auf administrativ lösbare technische Aufgaben eingeschränkt ist, so daß die praktischen Fragen gleichsam herausfallen. *Die praktischen Gehalte werden eliminiert.*

Die Politik älteren Stils war allein schon durch die Legitimationsform der Herrschaft gehalten, sich im Verhältnis zu praktischen Zielen zu bestimmen: die Interpretationen des »guten Lebens« waren auf Interaktions-Zusammenhänge gerichtet. Das gilt auch noch für die Ideologie der bürgerlichen Gesellschaft. Die heute herrschende Ersatzprogrammatik bezieht sich hingegen nur noch auf das Funktionieren eines gesteuerten Systems. Sie schaltet praktische Fragen aus, und damit die Diskussion über die Annahme von Standards, die allein der demokratischen Willensbildung zugänglich wären. Die Lösung technischer Aufgaben ist auf öffentliche Diskussion nicht angewiesen. Öffentliche Diskussionen könnten vielmehr die Randbedingungen des Systems, innerhalb dessen die Aufgaben der Staatstätigkeit als technische sich darstellen, problematisieren. Die neue Politik des staatlichen Interventionismus verlangt darum eine *Entpolitisierung* der Masse der Bevölkerung. Im Maße der Ausschaltung der praktischen Fragen wird auch die politische Öffentlichkeit funktionslos. Andererseits ist der institutionelle Rahmen der Gesellschaft immer noch von den Systemen zweckrationalen Handelns selber geschieden. Seine Organisation ist nach wie vor eine Frage der an Kommunikation gebundenen *Praxis* und nicht

16 C. Offe, *Zur Klassentheorie und Herrschaftsstruktur im staatlich regulierten Kapitalismus.* (Manuskript.)

nur der wie immer wissenschaftlich angeleiteten *Technik.* Mithin versteht sich die Ausklammerung der Praxis, die mit der neuen Form der politischen Herrschaft verknüpft ist, nicht von selbst. Die herrschaftslegitimierende Ersatzprogrammatik läßt ein entscheidendes Legitimationsbedürfnis offen: wie wird die Entpolitisierung der Massen diesen selbst plausibel gemacht? Marcuse könnte darauf antworten: dadurch, daß Technik und Wissenschaft *auch* die Rolle einer Ideologie übernehmen.

VI.

Seit dem Ende des 19. Jahrhunderts setzt sich die andere Entwicklungstendenz, die den Spätkapitalismus auszeichnet, immer stärker durch: *die Verwissenschaftlichung der Technik.* Der institutionelle Druck, die Arbeitsproduktivität durch Einführung neuer Techniken zu steigern, hat im Kapitalismus immer bestanden. Aber die Innovationen hingen von sporadischen Erfindungen ab, die ihrerseits wirtschaftlich induziert sein mochten, aber noch naturwüchsigen Charakter hatten. Das hat sich in dem Maße geändert, als die technische Entwicklung mit dem Fortschritt der modernen Wissenschaften rückgekoppelt worden ist. Mit der Industrieforschung großen Stils wurden Wissenschaft, Technik und Verwertung zu einem System zusammengeschlossen. Sie verbindet sich inzwischen mit einer staatlichen Auftragsforschung, die in erster Linie den wissenschaftlichen und technischen Fortschritt auf militärischem Gebiet fördert. Von dort fließen die Informationen in die Bereiche der zivilen Güterproduktion zurück. So werden Technik und Wissenschaft zur ersten Produktivkraft, womit die Anwendungsbedingungen für Marxens

Arbeitswerttheorie entfallen. Es ist nicht länger sinnvoll, die Kapitalbeträge für Investitionen in Forschung und Entwicklung auf der Grundlage des Wertes der unqualifizierten (einfachen) Arbeitskraft zu berechnen, wenn der wissenschaftlich-technische Fortschritt zu einer unabhängigen Mehrwertquelle geworden ist, gegenüber der die von Marx allein in Betracht gezogene Quelle des Mehrwerts: die Arbeitskraft der unmittelbaren Produzenten, immer weniger ins Gewicht fällt.[17]

Solange die Produktivkräfte anschaulich an den rationalen Entscheidungen und dem instrumentalen Handeln der gesellschaftlich produzierenden Menschen festgemacht waren, konnten sie als Potential für eine wachsende technische Verfügungsgewalt verstanden, nicht aber mit dem institutionellen Rahmen, in dem sie eingebettet sind, verwechselt werden. Das Produktivkräftepotential hat jedoch mit der Institutionalisierung des wissenschaftlich-technischen Fortschritts eine Gestalt angenommen, die den *Dualismus von Arbeit und Interaktion* im Bewußtsein der Menschen *zurücktreten* läßt.

Zwar bestimmen nach wie vor gesellschaftliche Interessen die Richtung, die Funktionen und die Geschwindigkeit des technischen Fortschritts. Aber diese Interessen definieren das gesellschaftliche System so sehr als ganzes, daß sie mit dem Interesse an der Erhaltung des Systems sich decken. Die private Form der Kapitalverwertung und ein loyalitätssichernder Verteilerschlüssel für soziale Entschädigungen bleiben *als solche* der Diskussion entzogen. Als unabhängige Variable erscheint dann ein quasi-autonomer Fortschritt von Wissenschaft und Technik, von dem die wichtigste einzelne Systemvariable, nämlich das wirtschaftliche Wachstum, in der Tat

17 Zuletzt: E. Löbl, *Geistige Arbeit – die wahre Quelle des Reichtums*, 1968.

abhängt. So ergibt sich eine Perspektive, in der die Entwicklung des gesellschaftlichen Systems durch die Logik des wissenschaftlich-technischen Fortschritts bestimmt zu sein *scheint*. Die immanente Gesetzlichkeit dieses Fortschritts scheint die Sachzwänge zu produzieren, denen eine funktionalen Bedürfnissen gehorchende Politik folgen muß. Wenn sich dieser Schein aber wirksam festgesetzt hat, dann kann der propagandistische Hinweis auf die Rolle von Technik und Wissenschaft erklären und legitimieren, warum in modernen Gesellschaften ein demokratischer Willensbildungsprozeß über praktische Fragen seine Funktionen verlieren und durch plebiszitäre Entscheidungen über alternative Führungsgarnituren des Verwaltungs*personals* ersetzt werden »muß«. Diese Technokratie-These ist auf wissenschaftlicher Ebene in verschiedenen Versionen entwickelt worden.[18] Wichtiger scheint mir zu sein, daß sie als Hintergrundideologie auch in das Bewußtsein der entpolitisierten Masse der Bevölkerung eindringen und legitimierende Kraft entfalten kann.[19] Die eigentümliche Leistung dieser Ideologie ist es, das Selbstverständnis der Gesellschaft vom Bezugssystem des kommunikativen Handelns und von den Begriffen symbolisch vermittelter Interaktion abzuziehen und durch ein wissenschaftliches Modell zu ersetzen. In gleichem Maße tritt an die Stelle des kulturell bestimmten Selbstverständnisses einer sozialen Lebenswelt die

18 Vgl. H. Schelsky, *Der Mensch in der technischen Zivilisation*, 1961; J. Ellul, *The Technological Society*, New York 1964, und A. Gehlen, *Über kulturelle Kristallisationen*, in: *Studien zur Anthropologie*, 1963; ders., *Über kulturelle Evolution*, in: *Die Philosophie und die Frage nach dem Fortschritt*, 1964.

19 Empirische Untersuchungen, die sich spezifisch auf die Verbreitung dieser Hintergrundideologie beziehen, liegen, soweit ich sehe, nicht vor. Wir sind auf Extrapolationen aus anderen Umfrageergebnissen angewiesen.

Selbstverdinglichung der Menschen unter Kategorien zweckrationalen Handelns und adaptiven Verhaltens.
Das Modell, nach dem eine planmäßige Rekonstruktion der Gesellschaft sich vollziehen soll, ist der Systemforschung entnommen. Es ist im Prinzip möglich, einzelne Unternehmungen und Organisationen, aber auch politische oder wirtschaftliche Teilsysteme und Gesellschaftssysteme im ganzen nach dem Muster selbstgeregelter Systeme aufzufassen und zu analysieren. Gewiß ist es ein Unterschied, ob wir einen kybernetischen Bezugsrahmen zu analytischen Zwecken gebrauchen oder ob wir ein gegebenes soziales System nach diesem Muster als ein Mensch-Maschine-System *einrichten*. Aber die Übertragung des analytischen Modells auf die Ebene gesellschaftlicher Organisation ist im Ansatz der Systemforschung selbst enthalten. Wenn man dieser Intention einer instinktanalogen Selbststabilisierung gesellschaftlicher Systeme folgt, ergibt sich die eigentümliche Perspektive, daß die Struktur des einen der beiden Handlungstypen, nämlich der Funktionskreis zweckrationalen Handelns, nicht nur gegenüber dem institutionellen Zusammenhang ein Übergewicht erhält, sondern kommunikatives Handeln nach und nach als solches absorbiert. Wenn man mit Arnold Gehlen die innere Logik der technischen Entwicklung darin sieht, daß der Funktionskreis zweckrationalen Handelns schrittweise vom Substrat des menschlichen Organismus gelöst und auf die Ebene von Maschinen übertragen wird, dann könnte jene technokratisch gerichtete Intention als eine letzte Stufe dieser Entwicklung verstanden werden. Der Mensch kann nicht nur, soweit er *homo faber* ist, zum erstenmal vollständig sich selbst objektivieren und den in seinen Produkten verselbständigten Leistungen gegenübertreten, er kann, als *homo fabricatus*, seinen technischen Anlagen auch selber integriert werden, wenn

es gelingt, die Struktur zweckrationalen Handelns auf die Ebene von Gesellschaftssystemen abzubilden. Der institutionelle Rahmen der Gesellschaft, der bisher von einem anderen Handlungstypus getragen worden ist, würde dieser Idee zufolge von den Sub-Systemen zweckrationalen Handelns, die ihm eingebettet waren, nun seinerseits *aufgesogen.*

Gewiß ist diese technokratische Intention nirgends auch nur in Ansätzen verwirklicht. Aber sie dient einerseits als Ideologie für die neue, an technischen Aufgaben ausgerichtete Politik, die praktische Fragen ausklammert; und andererseits trifft sie immerhin gewisse Entwicklungstendenzen, die zu einer schleichenden Erosion dessen, was wir den institutionellen Rahmen genannt haben, führen können. Die manifeste Herrschaft des autoritativen Staates weicht den manipulativen Zwängen der technisch-operativen Verwaltung. Die moralische Durchsetzung einer sanktionierten Ordnung, und damit kommunikatives Handeln, das an sprachlich artikuliertem Sinn orientiert ist und die Verinnerlichung von Normen voraussetzt, wird in zunehmendem Umfang durch konditionierte Verhaltensweisen abgelöst, während die großen Organisationen als solche immer mehr unter die Struktur zweckrationalen Handelns treten. Die industriell fortgeschrittenen Gesellschaften scheinen sich dem Modell einer eher durch externe Reize gesteuerten als durch Normen geleiteten Verhaltenskontrolle anzunähern. Die indirekte Lenkung durch gesetzte Stimuli hat, vor allem in Bereichen scheinbar subjektiver Freiheit (Wahl-, Konsum-, Freizeitverhalten), zugenommen. Die sozialpsychologische Signatur des Zeitalters wird weniger durch die autoritäre Persönlichkeit als durch Entstrukturierung des Über-Ich charakterisiert. Eine Zunahme des *adaptiven Verhaltens* ist aber nur die Kehrseite einer, unter der Struktur zweckrationalen Handelns sich auflösenden Sphäre sprachlich vermittelter Interaktion. Dem entspricht subjektiv, daß aus dem Bewußtsein nicht nur der Wissenschaften vom Menschen, sondern der Menschen selber die Differenz zwischen zweckrationalem Handeln und Interaktion verschwindet. Die ideologische Kraft des technokratischen Bewußtseins bewährt sich an der Verschleierung dieser Differenz.

VII.

Die kapitalistische Gesellschaft hat sich infolge der beiden genannten Entwicklungstendenzen so verändert, daß zwei Schlüsselkategorien der Marxschen Theorie, nämlich Klassenkampf und Ideologie, nicht mehr umstandslos angewendet werden können.

Auf der Grundlage der kapitalistischen Produktionsweise hat sich der *Kampf der sozialen Klassen* als solcher erst konstituiert und damit eine objektive Lage geschaffen, von der rückblickend die Klassenstruktur der unmittelbar politisch verfaßten traditionalen Gesellschaft *erkannt* werden konnte. Der staatlich geregelte Kapitalismus, der aus einer Reaktion auf die durch den offenen Klassenantagonismus erzeugten Systemgefährdungen hervorgegangen ist, stellt den Klassenkonflikt still. Das System des Spätkapitalismus ist durch eine, die Loyalität der lohnabhängigen Massen sichernde Entschädigungs-, und das heißt: Konfliktvermeidungspolitik so sehr definiert, daß der mit der privatwirtschaftlichen Kapitalverwertung nach wie vor in die Struktur der Gesellschaft eingebaute Konflikt derjenige ist, der mit der relativ größten Wahrscheinlichkeit latent bleibt. Er tritt hinter anderen Konflikten zurück, die zwar ebenfalls durch die Produktionsweise bedingt sind, aber nicht mehr die Form von Klassenkonflikten annehmen können. Claus Offe hat in seinem erwähnten Beitrag den paradoxen Sachverhalt analysiert: daß sich offene Konflikte an gesellschaftlichen Interessen um so wahrscheinlicher entzünden, je weniger ihre Verletzung systemgefährdende Folgen hat. Konfliktträchtig sind die an der Peripherie des staatlichen Aktionsbereiches liegenden Bedürfnisse, weil sie von dem latent gehaltenen Zentralkonflikt entfernt sind und daher keine Priorität bei der Gefahrenabwehr genießen. An ihnen entzünden sich Konflikte in dem Maße, in dem die disproportional gestreuten staatlichen Interventionen zurückbleibende Entwicklungsbereiche und entsprechende Disparitätsspannungen erzeugen: »Die Disparität der Lebensbereiche wächst vor allem hinsichtlich des unterschiedlichen Entwicklungsstandes zwischen tatsächlich institutionalisiertem und möglichem Niveau des technischen und gesellschaftlichen Fortschritts: das Mißverhältnis zwischen modernsten Produktions- und Militärapparaten und der stagnierenden Organisation des Verkehrs-, Gesundheits- und Bildungssystems ist ein ebenso bekanntes Beispiel für diese Disparität der Lebensbereiche wie der Widerspruch zwischen rationaler Planung und Regulierung der Steuer- und Finanzpolitik und der naturwüchsigen Entwicklung von Städten und Regionen. Solche Widersprüche lassen sich nicht mehr triftig als Antagonismen zwischen Klassen, wohl aber als Resultate des nach wie vor dominanten Prozesses privatwirtschaftlicher Kapitalverwertung und eines spezifisch kapitalistischen Herrschaftsverhältnisses interpretieren: in ihm sind diejenigen Interessen die herrschenden, die ohne in eindeutiger Weise lokalisierbar zu sein, aufgrund der etablierten Mechanik kapitalistischen Wirschaftens in der Lage sind, auf die Verletzung der Stabilitätsbedingungen mit der Erzeugung relevanter Risiken zu reagieren.«

Die an der Erhaltung der Produktionsweise haftenden Interessen sind im Gesellschaftssystem nicht mehr als Klasseninteressen »eindeutig lokalisierbar«. Denn das auf die Vermeidung von Systemgefährdungen gerichtete Herrschaftssystem schließt gerade »Herrschaft« (im Sinne unmittelbarer politischer oder ökonomisch vermittelter sozialer Herrschaft) aus, soweit sie in der Weise ausgeübt wird, daß ein Klassensubjekt dem anderen als identifizierbare Gruppe *gegenübertritt.*

Das bedeutet nicht eine Aufhebung, aber eine *Latenz der Klassengegensätze.* Immer noch bestehen die klassenspezifischen Unterschiede fort in Form subkultureller Überlieferungen und entsprechender Differenzen nicht nur des Lebensniveaus und der Lebensgewohnheiten, sondern auch der politischen Einstellungen. Zudem ergibt sich die sozialstrukturell bedingte Wahrscheinlichkeit, daß die Klasse der Lohnabhängigen von den gesellschaftlichen Disparitäten härter getroffen wird als andere Gruppen. Und schließlich ist das verallgemeinerte Interesse an der Erhaltung des Systems auf der Ebene unmittelbarer Lebenschancen auch heute noch in einer Privilegienstruktur verankert: der Begriff eines gegenüber den lebendigen Subjekten *vollständig* verselbständigten Interesses müßte sich selbst aufheben. Aber die politische Herrschaft im staatlich geregelten Kapitalismus hat mit der Abwehr von Systemgefährdungen ein über die latenten Klassengrenzen hinweggreifendes Interesse an der Aufrechterhaltung der kompensatorischen Verteilerfassade in sich aufgenommen.

Auf der anderen Seite bedeutet die Verschiebung der Konfliktzone von der Klassengrenze auf die unterprivilegierten Lebensbereiche keineswegs die Beseitigung von schwerwiegendem Konfliktpotential. Wie der Rassenkonflikt in den USA als extremes Beispiel zeigt, können sich in bestimmten Gebieten und Gruppen soviele Disparitätsfolgen kumulieren, daß es zu bürgerkriegsähnlichen Explosionen kommt. Ohne Verbindung mit Protestpotentialen anderer Herkunft sind aber alle aus solchen *Unterprivilegierungen* hervorgehenden Konflikte dadurch ausgezeichnet, daß sie das System womöglich zu scharfen, mit formaler Demokratie nicht mehr zu vereinbarenden Reaktionen herausfordern, aber nicht eigentlich umwälzen können. Denn unterprivilegierte Gruppen sind keine sozialen Klassen. Sie stellen auch potentiell niemals die Masse der Bevölkerung dar. Ihre *Entrechtung* und ihre Pauperisierung fällt nicht mehr zusammen mit *Ausbeutung*, weil das System nicht von ihrer Arbeit lebt. Sie können allenfalls eine vergangene Phase der Ausbeutung repräsentieren. Aber die Ansprüche, die sie legitimerweise vertreten, können sie nicht durch Kooperationsentzug erzwingen: deshalb behalten sie appellativen Charakter. Auf die langfristige Nichtbeachtung ihrer legitimen Ansprüche können unterprivilegierte Gruppen im Extremfall mit desparater Zerstörung und Selbstzerstörung reagieren: Einem solchen Bürgerkrieg fehlen jedoch die revolutionären Erfolgschancen des Klassenkampfes, solange keine Koalitionen mit privilegierten Gruppen zustande kommen.

Mit einer Reihe von Einschränkungen scheint dieses Modell sogar auf die Beziehungen zwischen den industriell fortgeschrittenen Gesellschaften und den ehemaligen Kolonialgebieten der Dritten Welt anwendbar zu sein. Auch hier folgt aus einer wachsenden Disparität eine Form der Unterprivilegierung, die in Zukunft wohl immer weniger in Kategorien der Ausbeutung begriffen werden kann. Freilich treten anstelle der ökonomischen Interessen auf dieser Ebene unmittelbar militärische.

Wie dem auch sei, in der spätkapitalistischen Gesellschaft treten sich die depravierten Gruppen und die privilegierten, soweit die Grenzen der Unterprivilegierungen überhaupt noch gruppenspezifisch und nicht quer durch Bevölkerungskategorien verlaufen, nicht mehr *als* sozioökonomische Klassen gegenüber. Damit wird das fundamentale Verhältnis, das in allen traditionalen Gesellschaften bestanden hat und im liberalen Kapitalismus als solches hervorgetreten ist, mediatisiert: der Klassengegensatz zwischen Partnern, die in einem institutionalisierten Verhältnis der Gewalt, der ökonomischen Ausbeutung und der politischen Unterdrückung stehen, wobei die Kommunikation so weit entstellt und beschränkt ist, daß die ideologisch verdeckenden Legitimationen nicht in Frage gestellt werden können. Hegels sittliche Totalität eines Lebenszusammenhangs, der dadurch zerrissen wird, daß *ein* Subjekt die Bedürfnisse *des anderen* nicht reziprok befriedigt, ist kein angemessenes Modell mehr für das mediatisierte Klassenverhältnis im organisierten Spätkapitalismus. Die stillgestellte Dialektik des Sittlichen erzeugt den eigentümlichen Schein der Post-Histoire. Der Grund ist, daß eine relative Steigerung der Produktivkräfte nicht mehr eo ipso ein überschießendes und emanzipatorisch folgenreiches Potential darstellt, an dem die Legitimationen einer bestehenden Herrschaftsordnung brüchig werden. Denn nunmehr ist die erste Produktivkraft: der in Regie genommene wissenschaftlich-technische Fortschritt selber zur Legitimationsgrundlage geworden. Diese neue Legitimationsform hat freilich die alte Gestalt von *Ideologie* verloren.

Das technokratische Bewußtsein ist einerseits »weniger ideologisch« als alle vorangegangenen Ideologien; denn es hat nicht die opake Gewalt einer Verblendung, welche Erfüllung von Interessen nur vorspiegelt. Andererseits ist die heute dominante, eher gläserne Hintergrundideologie, welche die

Wissenschaft zum Fetisch macht, unwiderstehlicher und weitreichender als Ideologien alten Typs, weil sie mit der Verschleierung praktischer Fragen nicht nur das partielle Herrschaftsinteresse einer *bestimmten Klasse* rechtfertigt und das partielle Bedürfnis der Emanzipation auf seiten *einer anderen Klasse* unterdrückt, sondern das emanzipatorische Gattungsinteresse als solches trifft.

Das technokratische Bewußtsein ist keine rationalisierte Wunschphantasie, keine »Illusion« im Sinne Freuds, in der ein Zusammenhang von Interaktionen, sei es vorgestellt oder konstruiert und begründet wird. Noch die bürgerlichen Ideologien ließen sich auf eine Grundfigur gerechter und herrschaftsfreier, für beide Seiten befriedigender Interaktion zurückführen. Gerade sie erfüllten die Kriterien von Wunscherfüllung und Ersatzbefriedigung auf der Grundlage einer durch Repressionen derart eingeschränkten Kommunikation, daß das mit dem Kapitalverhältnis einst institutionalisierte Gewaltverhältnis nicht beim Namen genannt werden konnte. Die Kausalität abgespaltener Symbole und unbewußter Motive, die falsches Bewußtsein ebenso erzeugt wie die Kraft der Reflexion, der sich die Ideologiekritik verdankt, liegt aber dem technokratischen Bewußtsein nicht mehr in gleicher Weise zugrunde. Es ist durch Reflexion weniger angreifbar, weil es nicht mehr *nur* Ideologie ist. Denn es drückt nicht mehr eine Projektion des »guten Lebens« aus, das mit der schlechten Wirklichkeit, wenn nicht identifiziert, so wenigstens in einen virtuell befriedigenden Zusammenhang gebracht werden kann. Gewiß dient auch die neue Ideologie wie die alte dazu, die Thematisierung gesellschaftlicher Fundamente zu verhindern. Damals war es die soziale Gewalt, die der Beziehung zwischen Kapitalisten und Lohnarbeitern unmittelbar zugrundelag, heute sind es die strukturellen Bedingungen, die

die Aufgaben der Systemerhaltung vorgängig definieren: nämlich die privatwirtschaftliche Form der Kapitalverwertung und eine die Massenloyalität sichernde politische Form der Verteilung sozialer Entschädigungen. Allein, in zwei Hinsichten unterscheiden sich alte und neue Ideologie.

Einmal begründet das Kapitalverhältnis heute wegen seiner Bindung an einen loyalitätsverbürgenden politischen Verteilermodus nicht mehr eine *unkorrigierte* Ausbeutung und Unterdrückung. Die Virtualisierung des fortbestehenden Klassengegensatzes setzt voraus, daß die ihm zugrunde liegende Repression geschichtlich zu Bewußtsein gekommen und *dann erst* in modifizierter Form als Systemeigenschaft stabilisiert worden ist. Das technokratische Bewußtsein kann deshalb nicht in derselben Weise auf einer kollektiven Verdrängung beruhen wie die älteren Ideologien. Zum anderen kann Massenloyalität nur mit Hilfe von Entschädigungen *für privatisierte Bedürfnisse* hergestellt werden. Die Interpretation der Leistungen, an denen das System sich rechtfertigt, darf im Prinzip nicht politisch sein: sie bezieht sich unmittelbar auf verwendungsneutrale Zuteilungen von Geld und arbeitsfreier Zeit, mittelbar auf die technokratische Rechtfertigung der Ausschaltung von praktischen Fragen. Deshalb unterscheidet sich die neue Ideologie von den älteren dadurch, daß sie die Kriterien der Rechtfertigung von der Organisation des Zusammenlebens, also von den normativen Regelungen der Interaktion überhaupt, löst, in diesem Sinne entpolitisiert, und statt dessen an den Funktionen eines unterstellten Systems zweckrationalen Handelns festmacht.

Im technokratischen Bewußtsein spiegelt sich nicht die Diremption eines sittlichen Zusammenhangs, sondern die Verdrängung der »Sittlichkeit« als einer Kategorie für Lebensverhältnisse überhaupt. Das positivistische Gemeinbewußtsein setzt das Bezugssystem der umgangssprachlichen Interaktion, in dem Herrschaft und Ideologie unter Bedingungen entstellter Kommunikation entstehen und reflexiv auch durchschaut werden können, außer Kraft. Die Entpolitisierung der Masse der Bevölkerung, die durch ein technokratisches Bewußtsein legitimiert wird, ist zugleich eine Selbstobjektivation der Menschen in Kategorien gleichermaßen des zweckrationalen Handelns wie des adaptiven Verhaltens: die verdinglichten Modelle der Wissenschaften wandern in die soziokulturelle Lebenswelt ein und gewinnen über das Selbstverständnis objektive Gewalt. Der ideologische Kern dieses Bewußtseins ist *die Eliminierung des Unterschieds von Praxis und Technik* – eine Spiegelung, aber nicht der Begriff, der neuen Konstellation zwischen dem entmachteten institutionellen Rahmen und den verselbständigten Systemen zweckrationalen Handelns.

Die neue Ideologie verletzt mithin ein Interesse, das an einer der beiden fundamentalen Bedingungen unserer kulturellen Existenz haftet: an Sprache, genauer an der durch umgangssprachliche Kommunikation bestimmten Form der Vergesellschaftung und Individuierung. Dieses Interesse erstreckt sich auf die Erhaltung einer Intersubjektivität der Verständigung ebenso wie auf die Herstellung einer von Herrschaft freien Kommunikation. Das technokratische Bewußtsein läßt dieses praktische Interesse hinter dem an der Erweiterung unserer technischen Verfügungsgewalt verschwinden. Die Reflexion, die die neue Ideologie herausfordert, muß daher hinter ein historisch bestimmtes Klasseninteresse zurückgehen und den Interessenzusammenhang einer sich selbst konstituierenden Gattung als solchen freilegen.[20]

20 Vgl. *Erkenntnis und Interesse*, S. 146 ff. in diesem Band.

VIII.

Wenn sich die Relativierung des Anwendungsbereichs für Ideologiebegriff und Klassentheorie bestätigen sollte, bedarf auch der kategoriale Rahmen, in dem Marx die *Grundannahmen des historischen Materialismus* entwickelt hat, einer neuen Formulierung. Der Zusammenhang von Produktivkräften und Produktionsverhältnissen müßte durch den abstrakteren von Arbeit und Interaktion ersetzt werden. Die Produktionsverhältnisse bezeichnen eine Ebene, auf der der institutionelle Rahmen nur während der Phase der Entfaltung des liberalen Kapitalismus verankert gewesen ist – das war weder vorher noch nachher der Fall. Andrerseits sind zwar die Produktivkräfte, in denen sich die in den Sub-Systemen zweckrationalen Handelns organisierten Lernvorgänge kumulieren, von Anbeginn der Motor der gesellschaftlichen Entwicklung gewesen, aber sie scheinen nicht, wie Marx angenommen hat, *unter allen Umständen* ein Potential der Befreiung zu sein und emanzipatorische Bewegungen auszulösen – jedenfalls nicht mehr, seitdem die kontinuierliche Steigerung der Produktivkräfte von einem wissenschaftlich-technischen Fortschritt abhängig geworden ist, der *auch herrschaftslegitimierende* Funktionen übernimmt. Ich habe die Vermutung, daß sich das an dem analogen, aber allgemeineren Verhältnis von institutionellem Rahmen (Interaktion) und Sub-Systemen zweckrationalen Handelns (»Arbeit« im weiteren Sinne instrumentalen und strategischen Handelns) entwickelte Bezugssystem besser eignet, um die soziokulturellen Schwellen der Gattungsgeschichte zu rekonstruieren.

Einige Anhaltspunkte sprechen dafür, daß während der langen *Anfangsperiode* bis zum ausgehenden Mesolithikum die zweckrationalen Handlungen nur durch eine rituelle Bindung an Interaktionen überhaupt motiviert werden konnten. Ein Profanbereich von Sub-Systemen zweckrationalen Handelns scheint sich in den ersten *seßhaften Kulturen*, die auf Tierhege und Pflanzenkultur beruhen, von den Interpretationen und Handlungsformen des kommunikativen Verkehrs zwischen Subjekten abgesondert zu haben. Freilich dürfte sich erst unter *hochkulturellen Bedingungen* einer staatlich organisierten Klassengesellschaft eine so weitgehende Differenzierung von Arbeit und Interaktion ergeben haben, daß die Sub-Systeme ein technisch verwertbares Wissen hervorbringen, das relativ unabhängig von den sozialen Weltinterpretationen gespeichert und erweitert werden konnte; während auf der anderen Seite die gesellschaftlichen Normen von den herrschaftslegitimierenden Überlieferungen sich getrennt haben, so daß die »Kultur« gegenüber den »Institutionen« eine gewisse Selbständigkeit gewann. Die Schwelle der *Moderne* wäre dann durch jenen Rationalisierungsprozeß bezeichnet, der mit dem Verlust der »Unangreifbarkeit« des institutionellen Rahmens durch die Sub-Systeme zweckrationalen Handelns einsetzte. Die traditionellen Legitimationen werden an den Maßstäben der Rationalität von Zweck-Mittel-Beziehungen kritisierbar; Informationen aus dem Bereich des technisch verwertbaren Wissens sind konkurrierend in die Überlieferung eingeflossen und haben eine Rekonstruktion der überlieferten Weltinterpretationen erzwungen.

Wir haben diesen Prozeß der »Rationalisierung von oben« bis zu dem Punkt verfolgt, an dem Technik und Wissenschaft selber in der Gestalt eines positivistischen Gemeinbewußtseins – und als technokratisches Bewußtsein artikuliert – den Stellenwert einer Ersatzideologie für die abgebauten bürgerlichen Ideologien zu übernehmen beginnen. Dieser Punkt ist erreicht mit der Kritik der bürgerlichen Ideologien: hier ist der Ausgangspunkt für die Zweideutigkeit im Begriff der Rationalisierung. Diese Zweideutigkeit ist von Horkheimer und Adorno als Dialektik der Aufklärung entschlüsselt, und die Dialektik der Aufklärung ist von Marcuse zur These zugespitzt worden: daß Technik und Wissenschaft selber ideologisch werden.

Das Muster der soziokulturellen Entwicklung der Gattung ist von Anbeginn bestimmt worden durch eine wachsende technische Verfügungsgewalt über die äußeren Bedingungen der Existenz auf der einen Seite und eine mehr oder weniger passive Anpassung des institutionellen Rahmens an die erweiterten Sub-Systeme zweckrationalen Handelns auf der anderen Seite. Zweckrationales Handeln repräsentiert die Form *aktiver Anpassung*, welche die kollektive *Selbst*erhaltung vergesellschafteter Subjekte von der Arterhaltung tierischer Spezies unterscheidet. Wir wissen, wie wir relevante Lebensbedingungen unter Kontrolle bringen, das heißt: wie wir die Umgebungen kulturell an unsere Bedürfnisse anpassen können, statt uns nur der externen Natur anzupassen. Hingegen haben die Veränderungen des institutionellen Rahmens, soweit sie unmittelbar oder mittelbar auf neue Technologien oder auf verbesserte Strategien (in Bereichen der Produktion, des Verkehrs, des Militärs usw.) zurückgehen, nicht die gleiche Form der aktiven Anpassung angenommen. Im allgemeinen folgen solche Modifikationen dem Muster *passiver Anpassung*. Sie sind nicht Resultat eines geplanten, zweckrationalen und am Erfolg kontrollierten Handelns, sondern Produkt einer naturwüchsigen Entwicklung. Jedoch konnte dieses Mißverhältnis zwischen aktiver Anpassung auf der einen, passiver Anpassung auf der anderen Seite solange nicht zu Bewußtsein kommen, als die Dynamik der kapitalistischen Entwicklung von den bürgerlichen Ideologien verdeckt blieb.

Erst mit der Kritik an den bürgerlichen Ideologien tritt jenes Mißverhältnis ins öffentliche Bewußtsein.

Das eindrucksvollste Zeugnis dieser Erfahrung ist immer noch das *Kommunistische Manifest.* Marx rühmt in überschwenglichen Worten die revolutionäre Rolle des Bürgertums: »Die Bourgeoisie kann nicht existieren, ohne die Produktionsinstrumente, also die Produktionsverhältnisse, also sämtliche gesellschaftlichen Verhältnisse fortwährend zu revolutionieren.« Und an anderer Stelle: »Die Bourgeoisie hat in ihrer kaum hundertjährigen Klassenherrschaft massenhaftere und kolossalere Produktionskräfte geschaffen als alle vergangenen Generationen zusammen. Unterjochung der Naturkräfte, Maschinerie, Anwendung der Chemie auf Industrie und Ackerbau, Dampfschiffahrt, Eisenbahn, elektrische Telegraphen, Urbarmachung ganzer Weltteile, Schiffbarmachung der Flüsse, ganze aus dem Boden gestampfte Bevölkerungen [. . .]!« Marx sieht auch die Rückwirkung auf den institutionellen Rahmen: »Alle festen und eingerosteten Verhältnisse mit ihrem Gefolge von altehrwürdigen Vorstellungen und Anschauungen werden aufgelöst, alle neugebildeten veralten, ehe sie verknöchern können. Alles Ständische und Stehende verdampft, alles Heilige wird entweiht, und die Menschen sind endlich gezwungen, ihre gegenseitigen Beziehungen mit nüchternen Augen zu sehen.«

Auf das Mißverhältnis zwischen passiver Anpassung des institutionellen Rahmens und »aktiver Unterjochung der Natur« ist der berühmte Satz gemünzt, daß die Menschen ihre Geschichte machen, aber nicht mit Willen und Bewußtsein. Es war das Ziel der Marxschen Kritik, auch jene sekundäre Anpassung des institutionellen Rahmens in eine aktive umzuwandeln und den strukturellen Wandel der Gesellschaft selber unter Kontrolle zu bringen. Damit sollte ein fundamentales Verhältnis aller bisherigen Geschichte aufgehoben und die Selbstkonstituierung der Gattung vollendet werden: das Ende der Vorgeschichte. Aber diese Idee war zweideutig.

Marx hatte gewiß das Problem, die Geschichte mit Willen und Bewußtsein zu machen, als die Aufgabe einer *praktischen* Beherrschung bisher unkontrollierter Prozesse der gesellschaftlichen Entwicklung angesehen. Andere haben es aber als eine *technische* Aufgabe verstanden: sie wollen die Gesellschaft dadurch, daß sie sie nach dem Muster selbstgeregelter Systeme zweckrationalen Handelns und adaptiven Verhaltens rekonstruieren, *in derselben Weise* unter Kontrolle bringen wie die Natur. Diese Intention findet sich nicht nur unter Technokraten der kapitalistischen Planung, sondern auch unter denen eines bürokratischen Sozialismus. Allein, das technokratische Bewußtsein vernebelt die Tatsache, daß der institutionelle Rahmen nach dem Muster von Systemen zweckrationalen Handelns nur um den Preis der Schließung der allein wesentlichen, weil der Humanisierung zugänglichen Dimension, *als* ein Zusammenhang umgangssprachlich vermittelter Interaktion aufgelöst werden könnte.

In Zukunft wird sich das Repertoire der Steuerungstechniken erheblich erweitern. Auf Hermann Kahns Liste der in den nächsten 33 Jahren wahrscheinlichen technischen Erfindungen[21] entdecke ich unter den ersten 50 Titeln eine große Zahl von Techniken der Verhaltenskontrolle und der Persönlichkeitsveränderung: 30. new and possibly pervasive techniques for surveillance, monitoring and control of individuals and organizations; 33. new and more reliable ›educational‹ and propaganda techniques effecting human behavior – public and private; 34. practical use of direct electronic communication with and stimulation of the brain; 37. New and rela-

21 *Toward the Year 2000*, in: *Daedalus*, Sommer 1967.

tively affective counterinsurgency techniques; 39. new and more varied drugs for control of fatigue, relaxation, alertness, mood, personality, perceptions and fantasies; 41. improved capability to ›change‹ sex; 42. other genetic control or influence over the basic constitution of an individual. – Eine Prognose dieser Art ist äußerst kontrovers. Immerhin deutet sie einen Bereich künftiger Chancen an, das menschliche Verhalten von einem an die Grammatik von Sprachspielen gebundenen Normensystem abzuhängen und statt dessen durch unmittelbar physische oder psychologische Beeinflussung in selbstregulierte Sub-Systeme des Mensch-Maschine-Typus zu integrieren. Psychotechnische Verhaltensmanipulationen können heute schon den altmodischen Umweg über verinnerlichte, aber reflexionsfähige Normen ausschalten. Biotechnische Eingriffe in das endokrine Steuerungssystem, und erst recht Eingriffe in die genetische Übertragung von Erbinformationen, könnten morgen die Kontrolle des Verhaltens noch tiefer ansetzen. Dann müßten die alten, in umgangssprachlicher Kommunikation entfalteten Bewußtseinszonen vollends austrocknen. Auf dieser Stufe der Humantechniken, wenn vom Ende der psychologischen Manipulationen in einem ähnlichen Sinne die Rede sein könnte wie heute vom Ende der politischen Ideologien, wäre die naturwüchsige Entfremdung, das unkontrollierte Nachhinken des institutionellen Rahmens, überwunden. Aber die Selbstobjektivation des Menschen hätte sich in einer geplanten Entfremdung vollendet – die Menschen machten ihre Geschichte mit Willen, aber nicht mit Bewußtsein.

Ich behaupte nicht, daß dieser kybernetische Wunschtraum einer instinktanalogen Selbststabilisierung von Gesellschaften in Erfüllung geht oder daß er auch nur realisierbar wäre. Ich meine aber, daß er vage Grundannahmen des technokratischen Bewußtseins negativ-utopisch zu Ende führt und so eine Entwicklungslinie bezeichnet, die unter der sanften Herrschaft von Technik und Wissenschaft als Ideologie sich abzeichnet. Vor allem wird auf dieser Folie deutlich, daß *zwei Begriffe von Rationalisierung* auseinandergehalten werden müssen. Auf der Ebene der Sub-Systeme zweckrationalen Handelns hat der wissenschaftlich-technische Fortschritt die Reorganisation gesellschaftlicher Institutionen und Teilbereiche schon erzwungen, und er macht sie in noch größerem Maßstab erforderlich. Aber dieser Prozeß der Entfaltung von Produktivkräften kann dann und nur dann ein Potential der Befreiung sein, wenn er Rationalisierung auf einer anderen Ebene nicht ersetzt. *Rationalisierung auf der Ebene des institutionellen Rahmens* kann sich nur im Medium der sprachlich vermittelten Interaktion selber, nämlich durch eine *Entschränkung der Kommunikation* vollziehen. Die öffentliche, uneingeschränkte und herrschaftsfreie Diskussion über die Angemessenheit und Wünschbarkeit von handlungsorientierenden Grundsätzen und Normen im Lichte der soziokulturellen Rückwirkungen von fortschreitenden Sub-Systemen zweckrationalen Handelns – eine Kommunikation dieser Art auf allen Ebenen der politischen und der wieder politisch gemachten Willensbildungsprozesse ist das einzige Medium, in dem so etwas wie »Rationalisierung« möglich ist.

In einem solchen Prozeß der verallgemeinerten Reflexion würden sich die Institutionen, über die Grenze eines bloßen Legitimationswechsels hinaus, in ihrer spezifischen Zusammensetzung ändern. Eine Rationalisierung gesellschaftlicher Normen wäre nämlich charakterisiert durch einen abnehmenden Grad der Repressivität (was auf der Ebene der Persönlichkeitsstruktur die durchschnittliche Toleranz gegenüber Rollenkonflikten steigern müßte). Ferner durch einen abnehmenden Grad der Rigidität (was die Chancen einer individuell angemessenen Selbstpräsentation in täglichen Interaktionen vermehren müßte) und schließlich durch Annäherung an einen Typus der Verhaltenskontrolle, welcher Rollendistanz und eine flexible Anwendung gut internalisierter, aber der Reflexion zugänglicher Normen erlauben würde. Eine Rationalisierung, die sich an Veränderungen in diesen drei Dimensionen bemißt, führt nicht, wie die Rationalisierung zweckrationaler Systeme, zu einer Steigerung der technischen Verfügungsgewalt über vergegenständlichte Prozesse der Natur und der Gesellschaft; sie führt nicht per se zu einem besseren Funktionieren gesellschaftlicher Systeme, aber sie würde die Mitglieder der Gesellschaft mit Chancen einer weitergehenden Emanzipation und einer fortschreitenden Individuierung ausstatten. Die Steigerung der Produktivkräfte deckt sich nicht mit der Intention des »guten Lebens«, sie kann dieser allenfalls dienen.

Ich glaube nicht einmal, daß die Denkfigur des technologisch überschießenden Potentials, das innerhalb eines repressiv aufrecht erhaltenen institutionellen Rahmens nicht ausgeschöpft wird (Marx spricht von den »gefesselten« Produktivkräften), dem staatlich geregelten Kapitalismus noch angemessen ist. Die bessere Nutzung eines unrealisierten Potentials führt zu der Verbesserung eines ökonomisch-industriellen Apparats, aber heute nicht mehr eo ipso zu einer Veränderung des institutionellen Rahmens mit emanzipatorischen Folgen. Nicht ob wir ein verfügbares oder zu entwickelndes Potential *ausschöpfen*, sondern ob wir dasjenige *wählen*, das wir zum Zwecke der Befriedung und der Befriedigung der Existenz wollen können, ist die Frage. Aber sogleich ist hinzuzufügen, daß wir diese Frage nur stellen, nicht antizipatorisch beantworten können; sie verlangt vielmehr jene entschränkte Kommunikation über Ziele der Lebenspraxis, gegen deren Thematisierung der Spätkapitalismus, auf eine entpolitisierte Öffentlichkeit strukturell angewiesen, sich allerdings resistent verhält.

IX.

Eine neue Konfliktzone kann, anstelle des virtualisierten Klassengegensatzes und abgesehen von den Disparitätskonflikten am Rande des Systems, nur dort entstehen, wo sich die spätkapitalistische Gesellschaft mittels Entpolitisierung der Masse der Bevölkerung gegen das Infragestellen ihrer technokratischen Hintergrundideologie immunisieren muß: eben im System der durch Massenmedien verwalteten Öffentlichkeit. Denn nur hier kann eine systemnotwendige Verschleierung der Differenz zwischen Fortschritten in Systemen zweckrationalen Handelns und emanzipativen Veränderungen des institutionellen Rahmens – zwischen technischen Fragen und praktischen – befestigt werden. Die öffentlich zugelassenen Definitionen erstrecken sich darauf, *was* wir zum Leben wollen, aber nicht darauf: *wie* wir leben möchten, wenn wir im Hinblick auf erreichbare Potentiale herausfänden, wie wir leben *könnten*.

Wer diese Konfliktzone beleben wird, ist schwer zu prognostizieren. Weder der alte Klassengegensatz noch die Unterprivilegierung neuen Typs enthalten Protestpotentiale, die ihrer Entstehung nach auf eine Repolitisierung der ausgetrockneten Öffentlichkeit tendieren. Das einzige Protestpotential, das sich durch erkennbare Interessen auf die neue Konfliktzone richtet, entsteht vorerst unter bestimmten Gruppen von Studenten und Schülern. Dabei können wir von drei Feststellungen ausgehen:

1. Die Protestgruppe der Studenten und Schüler ist privilegiert. Sie vertritt keine Interessen, die unmittelbar aus ihrer sozialen Lage hervorgehen und sich durch Zuwachs an sozialen Entschädigungen systemkonform befriedigen ließen. Die ersten amerikanischen Untersuchungen[22] über die studentischen Aktivisten bestätigen, daß es sich überwiegend nicht um sozial aufsteigende, sondern um die statusbegünstigten Teile der Studentenschaft handelt, die sich aus den ökonomisch entlasteten Sozialschichten rekrutieren.

2. Die Legitimationsangebote des Herrschaftssystems scheinen für diese Gruppe aus plausiblen Gründen nicht überzeugend zu sein. Die sozialstaatliche Ersatzprogrammatik für zerfallene bürgerliche Ideologien setzt eine gewisse Status- und Leistungsorientierung voraus. Den genannten Untersuchungen zufolge sind die studentischen Aktivisten aber weniger privatistisch an Berufskarriere und künftiger Familie ausgerichtet als die übrigen Studenten. Ihre akademischen Leistungen, die eher über dem Durchschnitt liegen, und ihre soziale Herkunft fördern keinen Erwartungshorizont, der durch die antizipierten Zwänge des Arbeitsmarktes bestimmt wäre. Gegenüber dem technokratischen Bewußtsein sind die aktiven Studenten, die relativ oft aus sozialwissenschaftlichen und philologisch-historischen Fachbereichen stammen, eher immun, weil, wenn auch aus verschiedenen Motiven, hier wie dort die primären Erfahrungen der eigenen wissenschaftlichen Arbeit mit den technokratischen Grundannahmen nicht zusammenstimmen.

22 S. M. Lipset, P. G. Altbach, *Student Politics and Higher Education in the USA*, in: S. M. Lipset (Hrsg.), *Student Politics*, New York 1967; R. Flacks, *The Liberated Generation. An Exploration of the Roots of Student Protest*, in: *Journ. Soc. Issues*, Juli 1967; K. Keniston, *The Sources of Student Dissent*, ebd.

3. In dieser Gruppe kann sich ein Konflikt nicht am *Ausmaß* der geforderten Disziplinierungen und Lasten, sondern nur an der *Art* der auferlegten Versagungen entzünden. Nicht um einen höheren Anteil an sozialen Entschädigungen der verfügbaren Kategorien: Einkommen und arbeitsfreie Zeit, kämpfen Studenten und Schüler. Ihr Protest richtet sich vielmehr gegen die Kategorie der »Entschädigung« selber. Die wenigen Daten, die vorliegen, bestätigen die Vermutung, daß sich der Protest der Jugendlichen aus bürgerlichen Elternhäusern mit dem Muster des seit Generationen üblichen Autoritätskonflikts überhaupt nicht mehr deckt. Die aktiven Studenten haben eher Eltern, die ihre kritischen Einstellungen teilen; sie sind relativ oft mit mehr psychologischem Verständnis und nach liberaleren Erziehungsgrundsätzen aufgewachsen als die nicht aktiven Vergleichsgruppen.[23] Ihre Sozialisation scheint sich eher in den vom unmittelbaren ökonomischen Zwang freigesetzten Subkulturen vollzogen zu haben, in denen die Überlieferungen der bürgerlichen Moral und die kleinbürgerlichen Ableitungen ihre Funktion verloren haben, so daß das Training für das »Umschalten« auf Wertorientierungen des zweckrationalen Handelns dessen Fetischisierung nicht mehr einschließt. Diese Erziehungstechniken können Erfahrungen ermöglichen und Orientierungen begünstigen, die mit der konservierten *Lebensform* einer Ökonomie der Armut zusammenprallen. Auf dieser Grundlage könnte sich ein prinzipielles Unverständnis für die sinnlose Reproduktion überflüssig gewordener Tugenden und Opfer heraus-

23 Vgl. Flacks: »Activists are more radical than their parents; but activist's parents are decidedly more liberal than others of their status.« »Activism is related to a complex of values, not ostensible political, shared by both the students and their parents«; »Activists' parents are more ›permissive‹ than parents of non-activists«.

bilden – ein Unverständnis dafür, warum das Leben des einzelnen trotz des hohen Standes der technologischen Entwicklung nach wie vor durch das Diktat der Berufsarbeit, durch die Ethik des Leistungswettbewerbs, durch den Druck der Statuskonkurrenz, durch Werte der possessiven Verdinglichung und der angebotenen Surrogatbefriedigungen bestimmt ist, warum der institutionalisierte Kampf ums Dasein, die Disziplin der entfremdeten Arbeit, die Tilgung von Sinnlichkeit und ästhetischer Befriedigung aufrechterhalten werden. Dieser Sensibilität muß eine strukturelle Ausschaltung praktischer Fragen aus der entpolitisierten Öffentlichkeit unerträglich werden. Eine politische Kraft wird sich daraus freilich nur ergeben können, wenn jene Sensibilisierung an ein unlösbares Systemproblem rührt. Für die Zukunft sehe ich *ein* solches Problem. Das Maß des gesellschaftlichen Reichtums, den ein industriell entfalteter Kapitalismus hervorbringt, und die technischen wie organisatorischen Bedingungen, unter denen dieser Reichtum produziert wird, machen es immer schwieriger, die Statuszuweisung auch nur subjektiv überzeugend an den Mechanismus der Bewertung individueller Leistung zu binden.[24] Auf lange Sicht könnte deshalb der Studenten- und Schülerprotest diese brüchig werdende Leistungsideologie dauerhaft zerstören und damit die ohnehin fragile, allein durch Entpolitisierung abgedeckte Legitimationsgrundlage des Spätkapitalismus zum Einsturz bringen.

24 Vgl. R. L. Heilbronner, *The Limits of American Capitalism*, New York 1966.

Technischer Fortschritt und soziale Lebenswelt

I.

Seitdem im Jahre 1959 C. P. Snow ein Buch mit dem Titel *The two Cultures* erscheinen ließ, hat von neuem, und nicht nur in England, eine Diskussion über das Verhältnis von Wissenschaft und Literatur eingesetzt. Wissenschaft ist dabei im Sinne von *Science* eingeschränkt auf die strikten Erfahrungswissenschaften, während Literatur weit gefaßt ist und in gewissem Sinne auch das einschließt, was wir geisteswissenschaftliche Interpretation nennen. Die Abhandlung, mit der Aldous Huxley unter dem Titel *Literature and Science* in die Kontroverse eingegriffen hat, beschränkt sich freilich auf eine Konfrontation der Naturwissenschaften mit der belletristischen Literatur.

Beide Kulturen unterscheidet Huxley zunächst unter dem Gesichtspunkt der spezifischen Erfahrungen, die in ihnen verarbeitet werden: die Literatur macht Aussagen über eher private Erfahrungen, die Wissenschaften über intersubjektiv zugängliche Erfahrungen. Diese lassen sich in einer formalisierten Sprache ausdrücken, die nach allgemeinen Definitionen für jedermann verbindlich gemacht werden kann. Die Sprache der Literatur hingegen muß das Unwiederholbare verbalisieren und von Fall zu Fall die Intersubjektivität der Verständigung herstellen. Aber diese Unterscheidung zwischen privaten und öffentlichen Erfahrungen gestattet nur eine erste Annäherung an das Problem. Das Moment Unaussprechlichkeit, das der literarische Ausdruck bewältigen muß, geht nicht so sehr darauf zurück, daß ihm ein in Subjektivität eingesperrtes, ein privates Erlebnis zugrunde liegt, sondern darauf, daß diese Erfahrungen sich im Horizont einer lebensgeschichtlichen Umwelt konstituieren. Die Ereignisse, auf deren Zusammenhang sich die Gesetzeshypothesen der Wissenschaften richten, lassen sich zwar in einem raumzeitlichen Koordinatensystem beschreiben, aber sie sind nicht Elemente einer Welt: »Die Welt, mit der sich die Literatur befaßt, ist die Welt, in der Menschen geboren werden, darin leben und schließlich sterben; die Welt, in der sie lieben und hassen, Triumph und Erniedrigung, Hoffnung und Verzweiflung erleben; die Welt der Leiden und Freuden, des Wahnsinns und des Gemeinverstands, der Dummheit, Verschlagenheit und Weisheit; die Welt aller Arten sozialen Drucks und individuellen Triebs, des Zwistes von Vernunft und Leidenschaft, der Instinkte und Konventionen, gemeinsamer Sprache und mit niemanden teilbarer Gefühle und Empfindungen.«[1] Hingegen befaßt sich die Wissenschaft nicht mit den Gehalten einer solchen perspektivisch aufgebauten, ichzentrisch gebundenen, umgangssprachlich vorinterpretierten Lebenswelt sozialer Gruppen und vergesellschafteter Individuen: »Der Chemiker, der Physiker und der Physiologe sind Bewohner einer von Grund auf verschiedenen Welt – nicht des Universums gegebener Erscheinungen, sondern der Welt erschlossener, äußerst feiner Strukturen; nicht der Erfahrungswelt einzigartiger Ereignisse und mannigfaltiger Eigenschaften, sondern der Welt quantifizierter Regelmäßigkeiten.« Der *sozialen Lebenswelt* stellt Huxley das *weltlose Universum der Tatsachen* gegenüber. Er sieht auch genau, in welcher Weise die Wissenschaften ihre Informationen über dieses weltlose Universum in die Lebenswelt sozialer Gruppen umsetzen: »Wissen ist Macht, und scheinbar paradoxerweise ist es dahin

1 *Literatur und Wissenschaft*, München 1963, S. 14.

gekommen, daß Naturwissenschaftler und Technologen mittels ihres Wissens von dem, was in einer unerlebten Welt der Abstraktionen und der Schlußfolgerungen geschieht, ihre ungeheure und zunehmende Macht erwarben, die Welt lenken und abändern, in welcher zu leben die Menschen bevorrechtet und verurteilt sind.«[2]

Aber Huxley nimmt die Frage nach dem Verhältnis der beiden Kulturen nicht an diesem Schnittpunkt auf, an dem die Wissenschaften mit der technischen Verwertung ihrer Informationen in die soziale Lebenswelt eintreten, sondern er postuliert eine unmittelbare Beziehung: die Literatur soll die wissenschaftlichen Aussagen als solche assimilieren, damit die Wissenschaft »eine Gestalt von Blut und Fleisch« annehmen könne. Es soll ein Dichter kommen, der uns sagt, »wie die getrübten Wörter der Überlieferung und die zu genauen Wörter der Lehrbücher dichterisch geläutert werden müßten, um sie dafür tauglich zu machen, unsere privaten und mit niemanden teilbaren Erlebnisse mit den wissenschaftlichen Hypothesen, in denen sie erklärt werden, in Übereinstimmung zu bringen«.[3]

Dieses Postulat beruht, wie ich meine, auf einem Mißverständnis. Die strikt erfahrungswissenschaftlichen Informationen können in die soziale Lebenswelt nur auf dem Wege ihrer technischen Verwertung, als technologisches Wissen, eingehen: hier dienen sie der Erweiterung unserer technischen Verfügungsgewalt. Sie liegen also nicht auf der gleichen Ebene wie das handlungsorientierende Selbstverständnis sozialer Gruppen. Für deren praktisches Wissen, das in der Literatur zum Ausdruck gelangt, kann deshalb der Informationsgehalt der Wissenschaften nicht unvermittelt relevant sein – er kann nur auf

2 ebd., S. 15.
3 ebd., S. 117.

dem Umwege über die praktischen Folgen des technischen Fortschritts Bedeutung erlangen. Die Erkenntnisse der Atomphysik bleiben, für sich genommen, ohne Folgen für die Interpretation unserer Lebenswelt – insofern ist die Kluft zwischen jenen beiden Kulturen unvermeidlich. Erst wenn wir mit Hilfe der physikalischen Theorien Kernspaltungen durchführen, erst wenn die Informationen für die Entfaltung produktiver oder destruktiver Kräfte verwertet werden, können ihre umwälzenden *praktischen Folgen* in das literarische Bewußtsein der Lebenswelt eindringen – Gedichte entstehen im Anblick von Hiroshima und nicht durch die Verarbeitung von Hypothesen über die Umwandlung von Masse in Energie.

Die Vorstellung einer hypothesenverarbeitenden Atomdichtung geht von falschen Voraussetzungen aus. Es zeigt sich vielmehr, daß mit dem problematischen Verhältnis von Literatur und Wissenschaft nur der Ausschnitt eines viel umfassenderen Problems erfaßt wird: des Problems nämlich, wie eine *Übersetzung des technisch verwertbaren Wissens in das praktische Bewußtsein einer sozialen Lebenswelt* möglich ist. Diese Frage stellt offensichtlich nicht nur, ja, nicht einmal in erster Linie die Literatur vor eine neue Aufgabe. Jenes Mißverhältnis der beiden Kulturen ist nur deshalb so beunruhigend, weil sich in dem scheinbaren Streit zweier konkurrierender Geistestraditionen in Wahrheit ein Lebensproblem der verwissenschaftlichten Zivilisation abzeichnet: wie nämlich die heute noch naturwüchsige Beziehung zwischen technischem Fortschritt und sozialer Lebenswelt reflektiert und unter die Kontrolle einer rationalen Auseinandersetzung gebracht werden kann.

In gewisser Weise mußten praktische Fragen der Staatsführung, der Strategie und der Verwaltung auch früher unter

Verwendung technischen Wissens gelöst werden. Gleichwohl hat sich heute das Problem einer Umsetzung technischen Wissens in praktisches Bewußtsein nicht nur in der Größenordnung verändert. Die Masse technischen Wissens beschränkt sich nicht mehr auf die pragmatisch erworbenen Techniken der klassischen Handwerke, es hat die Gestalt wissenschaftlicher Informationen angenommen, die sich für Technologien verwerten lassen. Auf der anderen Seite bestimmen die verhaltenssteuernden Traditionen das Selbstverständnis der modernen Gesellschaften nicht mehr naiv. Der Historismus hat die naturwüchsige Geltung der handlungsorientierenden Wertsysteme gebrochen. Das Selbstverständnis sozialer Gruppen und ihr umgangssprachlich artikuliertes Weltbild sind heute durch eine hermeneutische Aneignung von Traditionen qua Traditionen vermittelt. In dieser Lage verlangen Fragen der Lebenspraxis eine rationale Erörterung, die sich weder auf die technischen Mittel noch auf die Anwendung tradierter Verhaltensnormen je für sich genommen bezieht. Die geforderte Reflexion reicht über die Erzeugung technischen Wissens und die hermeneutische Klärung von Traditionen hinaus; sie erstreckt sich auf den Einsatz technischer Mittel in geschichtlichen Situationen, deren objektive Bedingungen (Potentiale, Institutionen, Interessen) jeweils im Rahmen eines traditionsbestimmten Selbstverständnisses interpretiert werden.

II.

Diese Problematik ist erst seit ein oder zwei Generationen ins Bewußtsein getreten. Im 19. Jahrhundert konnte man der Auffassung sein, daß die Wissenschaften durch zwei getrennte

Kanäle in die Lebenspraxis eindringen: einmal durch die technische Verwertung wissenschaftlicher Informationen und dann durch die individuellen Bildungsvorgänge des wissenschaftlichen Studiums. Ja, im deutschen Hochschulsystem, das auf die Reform Humboldts zurückgeht, halten wir bis heute an der Fiktion fest, daß die Wissenschaften ihre handlungsorientierende Kraft durch Bildungsprozesse innerhalb der Lebensgeschichte des einzelnen Studenten entfalten. Ich möchte zeigen, daß sich jene Intention, die Fichte als die »Umwandlung des Wissens im Werke« bezeichnet hat, heute nicht mehr in der Privatsphäre der Bildung, sondern nurmehr auf der politisch relevanten Ebene einer Übersetzung des technisch verwertbaren Wissens in dem Kontext unserer Lebenswelt einlösen läßt. Daran arbeitet gewiß auch die Literatur, aber in erster Linie stellt sich dieses Problem für die Wissenschaften selber.

An der Wende vom 18. zum 19. Jahrhundert, also zu Humboldts Zeiten, konnte man sich in einem auf Deutschland beschränkten Blickfeld noch keinen Begriff von einer möglichen Verwissenschaftlichung der äußeren Geschäfte bilden. Die Universitätsreformer brauchten deshalb mit der Tradition der praktischen Philosophie nicht ernstlich zu brechen. Die bei allen tiefgreifenden Revolutionen der politischen Ordnung gleichwohl durchgehaltenen Strukturen einer vorindustriellen Arbeitswelt gestatteten damals sozusagen zum letzten Mal die klassische Auffassung des Verhältnisses von Theorie und Praxis: die in der Sphäre der gesellschaftlichen Arbeit verwendbaren technischen Fertigkeiten sind der theoretischen Anleitung unmittelbar nicht fähig; sie werden nach tradierten Mustern der Geschicklichkeit pragmatisch eingeübt. Die Theorie, die sich auf das unveränderliche Wesen der Dinge jenseits des veränderlichen Bereichs menschlicher Angelegenheiten bezieht, gewinnt nur dadurch Geltung in der Praxis, daß sie die Lebenshaltung der mit Theorie befaßten Menschen selbst prägt, ihnen aus dem Verständnis des Kosmos im ganzen auch Normen für das eigene Verhalten erschließt und so durch die Handlungen der philosophisch Gebildeten hindurch positive Gestalt annimmt. Eine andere Beziehung der Theorie zur Praxis hat die überlieferte Idee der Universitätsbildung nicht in sich aufgenommen; noch wo Schelling versucht, der Praxis des Arztes durch Naturphilosophie eine wissenschaftliche Basis gleichwohl zu geben, verwandelt sich ihm das medizinische *Handwerk* unversehens in eine medizinische *Handlungslehre:* der Arzt soll sich an den naturphilosophisch abgeleiteten Ideen nicht anders orientieren als das sittlich handelnde Subjekt an den Ideen der praktischen Vernunft.

Inzwischen ist jedem bekannt, daß die Verwissenschaftlichung der Medizin nur in dem Maße gelingt, in dem die pragmatische Kunstlehre des medizinischen Handwerks in eine erfahrungswissenschaftlich kontrollierte Verfügung über isolierte Naturprozesse umgewandelt werden kann. Das gilt in gleicher Weise für andere Bereiche der gesellschaftlichen Arbeit; ob es darum geht, die Gütererzeugung, Betriebsführung und Verwaltung oder den Bau von Werkzeugmaschinen, Straßen und Flugzeugen oder die Beeinflussung des Wahl-, Kauf- und Freizeitverhaltens zu rationalisieren, stets wird die entsprechende Berufspraxis die Form einer technischen Verfügung über vergegenständlichte Prozesse annehmen müssen.

Damals hat die Maxime, daß Wissenschaft bilde, eine strenge Trennung von Universität und Fachhochschule schon deshalb verlangt, weil sich die vorindustriellen Formen der Berufspraxis gegen theoretische Anleitung sperrten. Heute sind die Forschungsprozesse mit der technischen Umsetzung und der ökonomischen Auswertung, ist die Wissenschaft mit Produktion und Verwaltung im industriegesellschaftlichen System der Arbeit zusammengekoppelt: Anwendung der Wissenschaft in Technik und Rückanwendung der technischen Fortschritte in der Forschung sind zur Substanz der Arbeitswelt geworden. Eine unverändert starre Abwehr gegen die Zerstreuung der Universität in Spezialschulen kann sich unter diesen Umständen nicht mehr auf das alte Argument berufen. Die universitäre Form des Studiums soll heute gegen die Berufssphäre nicht etwa abschirmen, weil diese der Wissenschaft noch immer fremd wäre, sondern weil sich umgekehrt die Wissenschaft in dem Maße, in dem sie die Berufspraxis durchdrang, ihrerseits der Bildung entfremdet hat. Die philosophische Überzeugung des Deutschen Idealismus, daß Wissenschaft bilde, trifft auf die strikten Erfahrungswissenschaften nicht mehr zu. Einst konnte Theorie durch Bildung zur *praktischen Gewalt* werden; heute haben wir es mit Theorien zu tun, die sich unpraktisch, nämlich ohne auf das Handeln zusammenlebender Menschen untereinander ausdrücklich bezogen zu sein, zur technischen *Gewalt entfalten* können. Gewiß vermitteln die Wissenschaften jetzt ein spezifisches Können: aber das Verfügenkönnen, das sie lehren, ist nicht das gleiche Leben- und Handelnkönnen, das man vom wissenschaftlich Gebildeten damals erwartete.

Der Gebildete verfügte über Orientierung im Handeln. Universal war diese Bildung nur im Sinne der Universalität eines perspektivisch zusammengezogenen Horizonts von Welt, in dem wissenschaftliche Erfahrungen interpretiert und in praktische Fähigkeiten, nämlich in ein reflektiertes Bewußtsein von dem praktisch Notwendigen umgesetzt werden konnten. Nun ist *der* Typ Erfahrung, der heute nach positivistischen Kriterien wissenschaftlich allein zugelassen wird, dieser Umsetzung in Praxis nicht fähig. Das *Verfügenkönnen*, das die empirischen Wissenschaften ermöglichen, ist mit der Potenz *aufgeklärten Handelns* nicht zu verwechseln. Ist aber deshalb Wissenschaft überhaupt von dieser Aufgabe einer Orientierung im Handeln dispensiert, oder stellt sich heute die Frage nach akademischer Bildung im Rahmen einer mit wissenschaftlichen Mitteln verwandelten Zivilisation von neuem als ein Problem der Wissenschaften selber?

Erst sind die Produktionsverfahren durch wissenschaftliche Methoden revolutioniert worden; dann wurden die Erwartungen des technisch richtigen Funktionierens auch auf gesellschaftliche Bereiche übertragen, die sich im Gefolge jener Industrialisierung der Arbeit verselbständigt haben und deshalb einer planmäßigen Organisation entgegenkommen. Die wissenschaftlich ermöglichte Gewalt technischer Verfügung über Natur wird heute auch auf die Gesellschaft direkt ausgedehnt; jedem isolierbaren gesellschaftlichen System, jedem verselbständigten kulturellen Bereich, dessen Beziehungen immanent unter einem vorausgesetzten Systemzweck analysiert werden können, wächst gleichsam eine neue sozialwissenschaftliche Disziplin nach. Im gleichen Maße verwandeln sich aber die wissenschaftlich gelösten Probleme der technischen Verfügung in ebensoviele Lebensprobleme; denn die wissenschaftliche Kontrolle natürlicher und gesellschaftlicher Prozesse, mit einem Wort: die Technologien, entbinden die Menschen nicht vom Handeln. Nach wie vor müssen Konflikte entschieden, Interessen durchgesetzt, Interpretationen gefunden werden – durch umgangssprachlich gebundene Handlungen und Verhandlungen gleichermaßen. Nur sind diese praktischen Fragen heute weithin durch das System unserer technischen Leistungen selber bestimmt.

Wenn aber Technik aus Wissenschaft hervorgeht, und ich

meine die Technik der Beeinflussung menschlichen Verhaltens nicht weniger als die Beherrschung von Natur, dann verlangt das *Einholen dieser Technik in die praktische Lebenswelt*, das Zurückholen der technischen Verfügung partikularer Bereiche in die Kommunikation handelnder Menschen erst recht der wissenschaftlichen Reflexion. Der vorwissenschaftliche Horizont der Erfahrung wird infantil, wenn der Umgang mit den Produkten angespanntester Rationalität auf naive Weise in ihn eingelebt werden soll.

Freilich läßt sich Bildung dann nicht länger auf die ethische Dimension der persönlichen Haltung einschränken; in der politischen Dimension, um die es geht, muß vielmehr die theoretische Anleitung zum Handeln aus einem wissenschaftlich explizierten Weltverständnis folgen.

Das Verhältnis von technischem Fortschritt und sozialer Lebenswelt und die Übersetzung wissenschaftlicher Informationen ins praktische Bewußtsein ist keine Angelegenheit der privaten Bildung.

III.

Statt dessen möchte ich dieses Problem im Bezugssystem der politischen Willensbildung noch einmal neu formulieren. Wir wollen im folgenden unter »Technik« die wissenschaftlich rationalisierte Verfügung über vergegenständlichte Prozesse verstehen; damit ist dann das System gemeint, in dem Forschung und Technik mit Ökonomie und Verwaltung rückgekoppelt sind. Ferner wollen wir unter »Demokratie« die institutionell gesicherten Formen einer allgemeinen und öffentlichen Kommunikation verstehen, die sich mit der praktischen Frage befaßt: wie die Menschen unter den objektiven Bedingungen ihrer immens erweiterten Verfügungsgewalt miteinander leben können und wollen. Unser Problem läßt sich dann als eine Frage nach dem Verhältnis von Technik und Demokratie stellen: wie kann die Gewalt technischer Verfügung in den Konsensus handelnder und verhandelnder Bürger zurückgeholt werden?

Ich möchte zunächst zwei einander entgegengesetzte Antworten diskutieren. Die erste Antwort können wir in groben Zügen der Marxschen Theorie entnehmen. Marx kritisiert ja den Zusammenhang der kapitalistischen Produktion in der Art einer Gewalt, die sich gegenüber der produzierenden Freiheit, gegenüber den Produzenten verselbständigt hat. Durch die private Form der Aneignung gesellschaftlich produzierter Güter gerät der technische Prozeß der Erzeugung von Gebrauchswerten unter das fremde Gesetz des ökonomischen Prozesses einer Erzeugung von Tauschwerten. Sobald wir diese Eigengesetzlichkeit der Akkumulation des Kapitals auf ihren Ursprung aus dem Privateigentum an Produktionsmitteln zurückführen, kann die Gattung den ökonomischen Zwang als ein entfremdetes Werk ihrer produzierenden Freiheit durchschauen und dann auch aufheben. Schließlich kann die Reproduktion des gesellschaftlichen Lebens als ein Prozeß der Erzeugung von Gebrauchswerten rational geplant werden: die Gesellschaft nimmt ihn technisch unter Kontrolle. Diese wird demokratisch nach dem Willen und der Einsicht der vereinigten Individuen ausgeübt. Dabei setzt Marx die praktische Einsicht einer politischen Öffentlichkeit mit einer erfolgreichen technischen Verfügung gleich. Inzwischen wissen wir, daß selbst eine gut funktionierende Planungsbürokratie (und die wissenschaftliche Kontrolle der Produktion von Gütern und Dienstleistungen) keine *zureichende* Bedingung ist für die Realisierung der vereinigten materiellen und ideellen Produktivkräfte im Genuß und in der Freiheit einer emanzipierten Gesellschaft. Marx hat nämlich nicht damit gerechnet, daß zwischen der wissenschaftlichen Kontrolle über die materiellen Lebensbedingungen und einer demokratischen Willensbildung auf allen Stufen eine Diskrepanz entstehen könnte – der philosophische Grund dafür, daß Sozialisten den autoritären Wohlfahrtsstaat, nämlich eine relative Sicherung des gesellschaftlichen Reichtums unter Ausschluß der politischen Freiheit niemals erwartet haben.

Selbst wenn die technische Verfügung über die physischen und sozialen Bedingungen der Lebenserhaltung und Lebenserleichterung ein Ausmaß erreicht hätte, wie es etwa Marx für ein kommunistisches Stadium der Entwicklung annimmt, müßte damit nicht automatisch auch schon eine Emanzipation der Gesellschaft im Sinne der Aufklärer des 18. und der Junghegelianer des 19. Jahrhunderts verbunden sein. Denn die Techniken, mit denen die Entwicklung einer hochindustrialisierten Gesellschaft unter Kontrolle zu bringen wären, lassen sich nicht mehr nach dem Werkzeugmodell deuten, so nämlich, als würden für undiskutiert vorausgesetzte oder aber in Kommunikation geklärte Ziele geeignete Mittel organisiert.

Freyer und Schelsky haben ein Gegenmodell entworfen, in dem die Verselbständigung der Technik anerkannt wird. Gegenüber dem primitiven Zustand der technischen Entwicklung scheint sich heute das Verhältnis der Mittelorganisation für gegebene oder vorentworfene Zwecke umzukehren. Aus einem, immanenten Gesetzen gehorchenden Prozeß von Forschung und Technik fallen sozusagen ungeplant die neuen Methoden heraus, für die wir dann erst Verwendungszwecke finden. Uns wächst durch einen automatisch gewordenen Fortschritt, so heißt Freyers These, in immer neuen Schüben abstraktes Können zu; dessen müssen sich Lebensinteressen und sinnstiftende Phantasie erst nachträglich bemächtigen, um es für konkrete Ziele auszuschöpfen. Schelsky verschärft und vereinfacht diese These dahin, daß der technische Fortschritt zusammen mit den unvorhergesehenen Methoden auch noch die ungeplanten Verwendungszwecke selber produziert: die technischen Möglichkeiten erzwingen zugleich ihre praktische Auswertung. Er vertritt diese These insbesondere mit dem Blick auf die hochkomplizierten Sachgesetzlichkeiten, die bei politischen Aufgaben angeblich alternativlose Lösungen vorschreiben: »anstelle der politischen Normen und Gesetze (treten) Sachgesetzlichkeiten der wissenschaftlich-technischen Zivilisation, die nicht als politische Entscheidungen setzbar und als Gesinnungs- oder Weltanschauungsnormen verstehbar sind. Damit verliert auch die Idee der Demokratie sozusagen ihre klassische Substanz: an die Stelle eines politischen Volkswillens tritt die Sachgesetzlichkeit, die der Mensch als Wissenschaft und Arbeit selbst produziert«. Gegenüber dem autonom gewordenen System von Forschung, Technik, Ökonomie und Verwaltung scheint die vom neuhumanistischen Bildungsanspruch inspirierte Frage nach der möglichen Souveränität der Gesellschaft über die technischen Lebensbedingungen, die Frage nach deren Integration in die Praxis der Lebenswelt, hoffnungslos veraltet. Derlei Ideen taugen im technischen Staat bestenfalls zu »Motivmanipulationen für das, was unter sachlich notwendigen Gesichtspunkten sowieso geschieht«.

Es liegt auf der Hand, daß diese These von der Eigengesetzlichkeit des technischen Fortschritts nicht stimmt. Die *Richtung* des technischen Fortschritts hängt heute in hohem Maße von öffentlichen Investitionen ab: in den USA sind das Verteidigungsministerium und die Raumfahrtbehörde die beiden größten Auftraggeber der Forschung. Ich vermute, daß in der

Sowjetunion die Lage ähnlich ist. Die Behauptung, daß sich die politisch folgenreichen Entscheidungen in den Vollzug des immanenten Sachzwangs verfügbarer Techniken auflösen und daß sie deshalb zum Thema praktischer Überlegungen gar nicht mehr gemacht werden können, dient am Ende bloß dazu, naturwüchsige Interessen und vorwissenschaftliche Dezisionen zu verschleiern. Sowenig wie die optimistische Annahme einer Konvergenz von Technik und Demokratie, sowenig stimmt auch die pessimistische Behauptung, als sei Demokratie durch Technik ausgeschlossen.

Die beiden Antworten auf die Frage: wie die Gewalt technischer Verfügung in den Konsensus handelnder und verhandelnder Bürger zurückgeholt werden kann, sind unbefriedigend. Keine der beiden Antworten kann das Problem, das sich uns in West und Ost objektiv stellt, angemessen entfalten: wie wir den Versuch unternehmen können, die naturwüchsigen Beziehungen zwischen technischem Fortschritt und sozialer Lebenswelt unter Kontrolle zu bringen. Die schon von Marx diagnostizierten Spannungen zwischen produktiven Kräften und gesellschaftlichen Institutionen, deren Explosivität im Zeitalter thermo-nuklearer Waffen auf unvorhergesehene Weise angewachsen ist, verdanken sich einem ironischen Verhältnis der Technik zur Praxis. Die Richtung des technischen Fortschritts ist heute noch weithin durch gesellschaftliche Interessen bestimmt, die naturwüchsig aus dem Zwang zur Reproduktion des gesellschaftlichen Lebens hervorgehen, ohne als solche reflektiert und mit dem erklärten politischen Selbstverständnis der sozialen Gruppen konfrontiert zu werden; infolgedessen bricht neues technisches Können unvorbereitet in bestehende Formen der Lebenspraxis ein; neue Potentiale einer erweiterten technischen Verfügungsgewalt machen das Mißverhältnis zwischen Ergebnissen angespanntester Rationalität und unreflektierten Zielen, erstarrten Wertsystemen, hinfälligen Ideologien offenbar.

Heute muß in den industriell fortgeschrittensten Systemen der energische Versuch unternommen werden, eine bisher naturgeschichtlich sich durchsetzende Vermittlung des technischen Fortschritts mit der Lebenspraxis großer Industriegesellschaften bewußt in Regie zu nehmen. Hier ist nicht der Ort, um die sozialen, ökonomischen und politischen Bedingungen zu diskutieren, von der eine langfristige zentrale Forschungspolitik abhängen müßte. Es genügt nicht, daß ein Gesellschaftssystem Bedingungen technischer Rationalität erfüllt. Selbst wenn der kybernetische Traum einer gleichsam instinktiven Selbststabilisierung sich verwirklichen ließe, wäre unterdessen das Wertsystem auf Maximierungsregeln für Macht und Wohlstand und auf das Äquivalent für den biologischen Grundwert des Überlebens um jeden Preis, auf Ultrastabilität, zusammengeschrumpft. Die Menschengattung hat sich mit den ungeplanten soziokulturellen Folgen des technischen Fortschritts selbst herausgefordert, ihr soziales Schicksal nicht nur heraufzubeschwören, sondern beherrschen zu lernen. Dieser Herausforderung der Technik ist durch Technik allein nicht zu begegnen. Es gilt vielmehr, eine politisch wirksame Diskussion in Gang zu bringen, die das gesellschaftliche Potential an technischem Wissen und Können zu unserem praktischen Wissen und Wollen rational verbindlich in Beziehung setzt.

Eine solche Diskussion könnte einerseits die politisch Handelnden im Verhältnis zum technisch Möglichen und Machbaren über das traditionsbestimmte Selbstverständnis ihrer Interessen aufklären. Im Lichte der dadurch artikulierten und neu interpretierten Bedürfnisse würden die politisch Handelnden andererseits praktisch beurteilen können, in welcher

Richtung und in welchem Maße wir technisches Wissen in Zukunft entwickeln wollen.

Diese *Dialektik von Können und Wollen* vollzieht sich heute unreflektiert, nach Maßgabe von Interessen, für die eine öffentliche Rechtfertigung weder verlangt noch gestattet wird. Erst wenn wir diese Dialektik mit politischem Bewußtsein auszutragen vermöchten, könnten wir eine bisher naturgeschichtlich sich durchsetzende Vermittlung des technischen Fortschritts mit der sozialen Lebenspraxis in Regie nehmen. Weil das eine Sache der Reflexion ist, gehört sie nicht wiederum in die Zuständigkeit von Spezialisten. Die Substanz der Herrschaft zergeht nicht vor technischer Verfügungsgewalt allein; dahinter kann sie sich allenfalls verschanzen. Die Irrationalität der Herrschaft, die heute zu einer kollektiven Lebensgefahr geworden ist, könnte nur durch eine politische Willensbildung bezwungen werden, die sich an das Prinzip allgemeiner und herrschaftsfreier Diskussion bindet. Rationalisierung der Herrschaft dürfen wir nur erhoffen von Verhältnissen, die die politische Macht eines an Dialoge gebundenen Denkens begünstigen. Die lösende Kraft der Reflexion kann nicht ersetzt werden durch die Ausbreitung technisch verwertbaren Wissens.

1965

Verwissenschaftlichte Politik und öffentliche Meinung

I.

Die Verwissenschaftlichung der Politik bezeichnet heute noch keinen Tatbestand, aber immerhin eine Tendenz, für die sich Tatbestände zitieren lassen: vor allem der Umfang staatlicher Auftragsforschung und das Ausmaß wissenschaftlicher Beratung in öffentlichen Diensten kennzeichnen die Entwicklung. Von Anbeginn war zwar der moderne Staat, der sich im Zusammenhang mit dem Marktverkehr entstehender National- und Territorialwirtschaften aus Bedürfnissen einer zentralen Finanzverwaltung gebildet hat, auf den Fachverstand juristisch geschulter Beamter angewiesen. Diese verfügten jedoch über ein technisches Wissen, das sich in seiner Art nicht grundsätzlich unterscheidet vom Fachverstand etwa der Militärs. Wie diese die stehenden Heere, so mußten die Juristen die ständige Verwaltung organisieren – sie hatten eher eine Kunst auszuüben denn eine Wissenschaft anzuwenden. Nach strikt wissenschaftlichen Empfehlungen orientieren sich Bürokraten, Militärs und Politiker in Ausübung ihrer öffentlichen Funktionen erst seit etwa einer Generation, ja, in größerem Stile erst seit den Tagen des Zweiten Weltkrieges. Damit ist eine neue Stufe jener »Rationalisierung« erreicht, als die Max Weber schon die Ausbildung der bürokratisierten Herrschaft moderner Staaten begriffen hat. Nicht als hätten Wissenschaftler die Macht im Staate erobert, aber die Ausübung der Herrschaft im Innern und die Behauptung der

Macht gegen äußere Feinde sind nicht mehr nur durch die Vermittlung einer arbeitsteilig organisierten, nach Kompetenzen geregelten, an gesatzte Normen gebundenen Verwaltungstätigkeit rationalisiert; sie sind vielmehr durch die Sachgesetzlichkeit neuer Technologien und Strategien in ihrer Struktur noch einmal verändert worden.

Max Weber hat im Gefolge einer Tradition, die auf *Hobbes* zurückgeht, für das Verhältnis von Fachwissen und politischer Praxis klare Definitionen gefunden. Seine berühmte Konfrontation der Beamtenherrschaft mit dem politischen Führertum[1] dient der strikten Trennung zwischen den Funktionen des Sachverständigen und des Politikers. Dieser bedient sich des technischen Wissens, aber die Praxis von Selbstbehauptung und Herrschaft verlangt darüber hinaus die interessierte Durchsetzung eines dezidierten Willens. In letzter Instanz kann sich das politische Handeln nicht rational begründen, es realisiert vielmehr eine Entscheidung zwischen konkurrierenden Wertordnungen und Glaubensmächten, die zwingender Argumente entraten und einer verbindlichen Diskussion unzugänglich bleiben. So sehr der Sachverstand des Fachmannes die Techniken rationaler Verwaltung und militärischer Sicherung bestimmen und somit auch die Mittel der politischen Praxis nach wissenschaftlichen Regeln erzwingen kann, so wenig kann die praktische Entscheidung in konkreter Lage durch Vernunft *zureichend* legitimiert werden. Gerade die Rationalität der Mittelwahl geht zusammen mit der erklärten Irrationalität der Stellungnahme zu Werten, Zielen und Bedürfnissen. Erst die komplette Arbeitsteilung zwischen den sachlich informierten und technisch geschulten Generalstäben der Bürokratie und des Militärs auf der einen, den machtinstinktiven und willensintensiven Führern auf der

1 Max Weber, *Politische Schriften*, S. 308 ff.

anderen Seite soll, Weber zufolge, eine Verwissenschaftlichung der Politik ermöglichen.

Heute stellt sich die Frage, ob dieses *dezisionistische Modell* auch auf der zweiten Stufe der Rationalisierung von Herrschaft noch plausibel Geltung beanspruchen darf. Im gleichen Maße wie Systemforschung und vor allem Entscheidungstheorie für die politische Praxis nicht etwa nur neue Technologien bereitstellen und somit die herkömmlichen Instrumente verbessern, sondern durch berechnete Strategien und Entscheidungsautomatiken die Wahl als solche rationalisieren, scheint sich der Sachzwang der Spezialisten gegen die Dezision der Führer durchzusetzen. Im Gefolge einer Tradition, die über *Saint-Simon* bis *Bacon* zurückreicht, will man daher heute die dezisionistische Bestimmung des Verhältnisses von Fachwissen und politischer Praxis zugunsten eines *technokratischen Modells* preisgeben.[2] Das Abhängigkeitsverhältnis des Fachmannes vom Politiker scheint sich umgekehrt zu haben – dieser wird zum Vollzugsorgan einer wissenschaftlichen Intelligenz, die unter konkreten Umständen den Sachzwang der verfügbaren Techniken und Hilfsquellen sowie der optimalen Strategien und Steuerungsvorschriften entwickelt. Wenn es möglich ist, die Entscheidung praktischer Fragen als eine Wahl in Situationen der Unsicherheit so zu rationalisieren, daß die »Symmetrie der Ratlosigkeit« (Rittel) und damit die Entscheidungsproblematik überhaupt schrittweise abgebaut wird, dann bleibt in der Tat dem Politiker im technischen Staat nurmehr eine fiktive Entscheidungstätigkeit. Allenfalls wäre er so etwas wie der Lückenbüßer einer noch unvollkommenen Rationalisierung der

2 J. Ellul, *La Technique ou l'enjeu du siècle*, Paris 1954; H. Schelsky, *Der Mensch in der wissenschaftlichen Zivilisation*, Köln-Opladen 1961.

Herrschaft, wobei die Initiative ohnehin auf wissenschaftliche Analyse und technische Planung übergegangen ist. Der Staat scheint die Substanz von Herrschaft nun doch zugunsten eines effizienten Einsatzes verfügbarer Techniken im Rahmen sachlich gebotener Strategien preisgeben zu müssen – er scheint nicht länger ein Apparat zur gewaltsamen Durchsetzung prinzipiell unbegründbarer, nur dezisionistisch vertretener Interessen zu bleiben, sondern Organ einer durchgängig rationalen Verwaltung zu werden.

Aber die Schwächen dieses technokratischen Modells liegen auf der Hand. Einerseits unterstellt es einen immanenten Zwang des technischen Fortschritts, der diesen Schein der Verselbständigung nur der Naturwüchsigkeit der in ihm wirksamen gesellschaftlichen Interessen verdankt[3]; zum anderen setzt das Modell ein Kontinuum der Rationalität in der Behandlung technischer und praktischer Fragen voraus, das es nicht geben kann.[4] Die neuen Verfahren, die die Rationalisierung der Herrschaft auf ihrer zweiten Stufe charakterisieren, bringen nämlich die mit der Entscheidung praktischer Fragen verknüpfte Problematik keineswegs ohne Rest zum Verschwinden. Über »Wertsysteme«, das heißt aber: über soziale Bedürfnisse und objektive Bewußtseinslagen, über die Richtungen der Emanzipation und der Regression können wir im Rahmen der Forschungen, die unsere technische Verfügungsgewalt erweitern, keine zwingenden Aussagen machen. Entweder finden sich andere als die theo-

3 Siehe H. Krauch, *Wider den technischen Staat*, in: *Atomzeitalter*, 1961, S. 201 ff.

4 Vgl. H. P. Bahrdt, *Helmut Schelskys technischer Staat*, in: *Atomzeitalter*, 1961, S. 195 ff.; J. Habermas, *Vom sozialen Wandel akademischer Bildung*, in: *Universitätstage 1963*, Berlin 1963, S. 165 ff.

retisch-technischen Formen der Diskussion, um die mit Technologien und Strategien nicht restlos zu beantwortenden praktischen Fragen gleichwohl rational zu klären; oder solche Fragen wären überhaupt nicht mit Gründen zu entscheiden, dann müßten wir aber zum dezisionistischen Modell zurückkehren.

Diese Konsequenz zieht Hermann Lübbe: »Mochte einst der Politiker über den Fachmann, weil dieser bloß wußte und plante, was jener durchzusetzen verstand, im Respektverhältnis erhoben sein; nunmehr kehrt es sich um, sofern der Fachmann zu lesen versteht, was die Logik der Verhältnisse vorschreibt, während der Politiker Positionen in Streitfällen vertritt, für die es Instanzen irdischer Vernunft nicht gibt.«[5] Lübbe nimmt die neue Stufe der Rationalisierung in das dezisionistische Modell auf, hält aber grundsätzlich an dem von *Max Weber* und *Carl Schmitt* definierten Gegensatz des technischen Wissens zur Ausübung politischer Herrschaft fest. Er rügt am technokratischen Selbstverständnis der neuen Experten, daß sie als Logik der Sachen tarnen, was doch in Wahrheit Politik sei wie eh und je. Wohl ist der Spielraum der puren Dezisionen in dem Maße eingeschränkt worden, in dem der Politiker über ein vervielfachtes und verfeinertes Arsenal technologischer Mittel verfügen und der strategischen Entscheidungshilfen sich bedienen kann. Aber innerhalb dieses verringerten Spielraums ist jetzt erst, was der Dezisionismus immer schon unterstellt hat, wahr geworden – jetzt erst ist die Problematik politischer Entscheidungen bis auf den Kern abgebaut, der schlechterdings nicht weiter rationalisiert werden kann. Die ins Extrem getriebene Kalkulation der Entscheidungshilfen führt die Entscheidung selber auf

5 H. Lübbe, *Zur politischen Theorie der Technokratie*, in: *Der Staat*, 1962, S. 19 ff., Zitat S. 21.

reine Dezision zurück, reinigt sie also von allen Elementen, die noch irgend der verbindlichen Analyse für zugänglich gehalten werden.

In diesem Punkt hat indessen auch das *erweiterte dezisionistische Modell* nichts von seiner ursprünglichen Fragwürdigkeit verloren. Es hat gewiß deskriptiven Wert für eine Praxis der wissenschaftlich informierten Entscheidungen, die heute in den Befehlszentralen der Massendemokratien, prototypisch in den USA, geübt wird. Das heißt aber nicht, daß sich dieser Typus von Entscheidung aus logischen Gründen einer weiteren Reflexion entziehen müßte. Wenn die Rationalisierung an den Leerstellen der politisch in Dienst genommenen technologisch-strategischen Forschung tatsächlich abgebrochen und durch Dezisionen ersetzt wird, dann darf das als ein sozialer Tatbestand, der aus objektiven Interessenlagen erklärt werden mag, registriert werden; um ein Verhalten, das sich aus der Sachproblematik notwendig ergibt, handelt es sich nicht – es sei denn, eine wissenschaftliche Diskussion, überhaupt eine disziplinierte Erörterung wäre jenseits der Grenzen positivistisch zugelassener Redeweise von vornherein ausgeschlossen. Weil das nicht der Fall ist, ist das dezisionistische Modell, wie immer es den tatsächlich geübten Prozeduren einer verwissenschaftlichten Politik angenähert sein mag, seinem eigenen theoretischen Anspruch nach unzureichend. Offensichtlich besteht zwischen Werten, die aus Interessenlagen hervorgehen, einerseits und den Techniken, die zur Befriedigung wertorientierter Bedürfnisse verwendet werden können andererseits, ein Verhältnis der Interdependenz. Wenn sogenannte Werte ihren Zusammenhang mit einer technisch geeigneten Befriedigung realer Bedürfnisse auf die Dauer einbüßen, werden sie funktionslos und sterben als Ideologien ab; umgekehrt können sich mit neuen Techniken aus veränderten Interessenlagen neue Wertsysteme bilden. In jedem Fall bliebe die dezisionistische Trennung der Wert- und Lebensfragen von der Sachproblematik abstrakt. Schon *Dewey* hat bekanntlich die Möglichkeit erörtert, daß der Einsatz stetig vermehrter und verbesserter Techniken nicht nur an undiskutierte Wertorientierungen gebunden bleibt, sondern seinerseits auch die tradierten Werte einer gleichsam pragmatischen Bewährungsprobe unterzieht. Am Ende sollen Wertüberzeugungen nur bestehen dürfen, soweit sie mit den verfügbaren und den denkbaren Techniken, das heißt mit der möglichen Realisierung von Wert in produzierten Gütern oder veränderten Situationen kontrollierbar zusammenhängen. Dewey hat zwar den Unterschied zwischen einer Erfolgskontrolle technischer Empfehlungen und einer praktischen Bewährung von Techniken im hermeneutisch geklärten Zusammenhang konkreter Lagen nicht berücksichtigt; immerhin besteht er aber auf einer pragmatischen Prüfung und somit rationalen Erörterung der Beziehung zwischen verfügbaren Techniken und praktischen Entscheidungen, die in der dezisionistischen Betrachtung ignoriert wird.

Anstelle einer strikten Trennung zwischen den Funktionen des Sachverständigen und des Politikers tritt im *pragmatistischen Modell* gerade ein kritisches Wechselverhältnis, das eine ideologisch gestützte Ausübung von Herrschaft nicht etwa nur einer unzuverlässigen Legitimationsbasis entkleidet, sondern *im ganzen* der wissenschaftlich angeleiteten Diskussion zugänglich macht und dadurch substanziell verändert. Weder ist der Fachmann, wie es im technokratischen Modell vorgestellt wird, souverän geworden gegenüber den Politikern, die faktisch dem Sachzwang unterworfen sind und nur noch fiktiv entscheiden; noch behalten diese, wie das dezisionistische Modell unterstellt, außerhalb der zwingend rationalisierten Bereiche der Praxis ein Reservat, in dem praktische Fragen nach wie vor durch Willensakte entschieden werden müssen. Vielmehr scheint eine wechselseitige Kommunikation derart möglich und nötig zu sein, daß einerseits wissenschaftliche Experten die Entscheidung fällenden Instanzen »beraten« und umgekehrt die Politiker die Wissenschaftler nach Bedürfnissen der Praxis »beauftragen«. Dabei wird einerseits die Entwicklung neuer Techniken und Strategien aus einem explizit gemachten Horizont von Bedürfnissen und den geschichtlich bestimmten Interpretationen dieser Bedürfnisse, von Wertsystemen also, gesteuert; andererseits werden diese in Wertsystemen gespiegelten gesellschaftlichen Interessen ihrerseits durch Prüfung an technischen Möglichkeiten und strategischen Mitteln ihrer Befriedigung kontrolliert. So werden sie teils bestätigt, teils abgewiesen, werden sie artikuliert und neu formuliert oder aber ihres ideologisch verklärten und verpflichtenden Charakters entblößt.

II.

Die *drei Modelle* für das Verhältnis von *Fachwissen und Politik* haben wir bisher ohne Rücksicht auf die Verfassung moderner Massendemokratien bestimmt. Nur eines von ihnen, das pragmatistische, ist auf Demokratie *notwendig* bezogen. Wenn sich die Aufteilung der Kompetenzen zwischen Sachverständigen und Führern nach dem dezisionistischen Muster einspielt, kann die politisch fungierende Öffentlichkeit des Staatsbürgerpublikums einzig zur Legitimation der Führungsgruppe dienen. Wahl und Bestätigung der regierenden oder regierungsfähigen Personen sind in der Regel plebiszitäre Akte; nur weil über die Besetzung von Positionen mit Entscheidungsbefugnis, und nicht über die Richtlinien für künftige Entscheidung selbst, abgestimmt werden kann, vollzieht sich die demokratische Wahl hier eher in Gestalt von Akklamationen als von öffentlichen Diskussionen. Vor der politischen Öffentlichkeit legitimieren sich allenfalls die Personen, die entscheiden sollen; die Entscheidungen selber müssen, der dezisionistischen Auffassung zufolge, öffentlicher Diskussion grundsätzlich entzogen bleiben. Auch die Verwissenschaftlichung der Politik fügt sich demnach zwanglos der von Max Weber entwickelten und über Schumpeter für die neuere politische Soziologie verbindlich gewordenen Theorie ein, die den Prozeß demokratischer Willensbildung in letzter Instanz auf ein geregeltes Akklamationsverfahren für alternativ zur Herrschaft berufene Eliten zurückführt. Die in ihrer irrationalen Substanz unangetastete Herrschaft kann auf diese Weise legitimiert, nicht aber als solche rationalisiert werden.

Diesen Anspruch hält hingegen das technokratische Modell einer verwissenschaftlichten Politik aufrecht. Freilich kann die Reduktion von politischer Herrschaft auf rationale Verwaltung hier nur um den Preis von Demokratie überhaupt gedacht werden. Eine politisch fungierende Öffentlichkeit könnte, sobald die Politiker dem Sachzwang strikt unterworfen wären, allenfalls das Verwaltungspersonal legitimieren und über die Fachqualifikation bestellter Funktionäre befinden; aber bei vergleichbarer Qualifikation wäre es im Prinzip gleichgültig, welche der konkurrierenden Führungsgruppen zur Macht gelangte. Eine technokratisierte Verwaltung der industriellen Gesellschaft macht jede demokratische Willensbildung gegenstandslos. Diese Konsequenz zieht Helmut Schelsky: »... an die Stelle eines politischen Volkswillens tritt die Sachgesetzlichkeit, die der Mensch als Wissenschaft und Arbeit selbst produziert.«[6]

Demgegenüber ist nach dem pragmatistischen Modell eine erfolgreiche Umsetzung technischer und strategischer Empfehlungen in die Praxis auf die Vermittlung der politischen Öffentlichkeit angewiesen. Denn die Kommunikation zwischen den Sachverständigen und den Instanzen politischer Entscheidung, die im gleichen Maße die Richtung des technischen Fortschritts aus dem traditionsgebundenen Selbstverständnis praktischer Bedürfnisse bestimmt, wie sie umgekehrt auch dieses Selbstverständnis an den technisch ermöglichten Chancen der Befriedigung mißt und kritisiert, muß ja an die gesellschaftlichen Interessen und die Wertorientierungen einer gegebenen sozialen Lebenswelt anknüpfen. In beiden Richtungen ist der rückgekoppelte Kommunikationsprozeß an dem festgemacht, was Dewey die *value beliefs* nannte, eben an einem historisch bestimmten und gesellschaftlich normierten Vorverständnis des in konkreter Lage praktisch Notwendigen. Dieses Vorverständnis ist ein nur hermeneutisch aufzuklärendes Bewußtsein, das sich im Miteinandersprechen zusammenlebender Bürger artikuliert. Jene im pragmatistischen Modell vorgesehene Kommunikation, die die politische Praxis verwissenschaftlicht, kann sich daher nicht unabhängig von der Kommunikation bilden, die vorwissenschaftlich immer schon in Gang ist; diese läßt sich aber in der demokratischen Form von öffentlichen Diskussionen im Staatsbürgerpublikum institutionalisieren. Für die Verwissenschaftlichung der Politik ist das Verhältnis der *Wissenschaften* zur *öffentlichen Meinung* konstitutiv.

Freilich ist dieses Verhältnis in der Tradition des pragmatistischen Denkens nicht eigens zum Thema erhoben worden.

6 Schelsky, a.a.O., S. 22.

Für Dewey verstand es sich von selbst, daß sich die wechselseitige Anleitung und Aufklärung zwischen der Erzeugung von Techniken und Strategien einerseits und den Wertorientierungen interessierter Gruppen andererseits im fraglosen Horizont des gesunden Menschenverstandes und einer unkomplizierten Öffentlichkeit vollziehen könnte. Aber der *Strukturwandel der bürgerlichen Öffentlichkeit* müßte diese unschuldige Auffassung der Naivität überführen, wenn diese nicht ohnehin an der wissenschaftsinternen Entwicklung scheiterte, die eine angemessene Übersetzung technischer Informationen schon zwischen den einzelnen Disziplinen, und erst recht zwischen den Wissenschaften und dem großen Publikum zu einem noch weithin ungelösten Problem macht. Wer gleichwohl an einer Dauerkommunikation zwischen den politisch in Anspruch genommenen Wissenschaften und einer informierten öffentlichen Meinung festhält, gerät in Verdacht, wissenschaftliche Diskussionen auf Massenbasis umstellen und ideologisch mißbrauchen zu wollen. Er ruft eine Ideologiekritik auf den Plan, die gegen weltanschaulich vereinfachte und überdehnte Interpretationen wissenschaftlicher Ergebnisse auf der positivistischen Trennung zwischen Theorie und Praxis beharrt. Max Webers Neutralismus der Wissenschaften gegenüber den Wertungen, welche die Praxis stets schon vollzogen hat, läßt sich gegen Scheinrationalisierungen praktischer Fragen, gegen eine *kurzschlüssige* Verbindung zwischen technischem Sachverstand und manipulativ beeinflußbarem Publikum, gegen die verzerrte Resonanz, die wissenschaftliche Information auf dem rissigen Boden einer deformierten Öffentlichkeit finden, überzeugend aufbieten.[7]

Diese Kritik verfällt indessen der positivistischen Beschrän-

7 H. Lübbe, *Die Freiheit der Theorie*, in: *Archiv für Rechts- und Sozialphilosophie*, 1962, S. 343 ff.

kung und einer die Wissenschaft vor Selbstreflexion schützenden Ideologie, sobald sie eine weitergehende Rationalisierung der Herrschaft überhaupt in Frage stellt. Dann nämlich verwechselt sie die faktische Schwierigkeit einer Dauerkommunikation zwischen Wissenschaft und öffentlicher Meinung mit dem Verstoß gegen logische und methodologische Regeln. Das pragmatistische Modell läßt sich, gewiß, nicht ohne weiteres auf die politische Willensbildung in den modernen Massendemokratien anwenden; aber nicht etwa deshalb, weil eine Erörterung praktischer Fragen sowohl im Zusammenhang mit den verfügbaren Techniken und Strategien als auch aus dem Horizont des explizierten Selbstverständnisses einer sozialen Lebenswelt zur Scheinrationalisierung unbegründbarer Willensakte nötigen würde; nur vernachlässigt das Modell die logische Eigenart und die sozialen Voraussetzungen für eine zuverlässige Übersetzung wissenschaftlicher Informationen in die Umgangssprache der Praxis wie auch umgekehrt für die Rückübersetzung aus dem Kontext praktischer Fragen in die Fachsprache technischer und strategischer Empfehlungen.[8] Am Beispiel der USA, des Landes also, in dem eine Verwissenschaftlichung der politischen Praxis am weitesten fortgeschritten ist, läßt sich zeigen, wie sich in der Diskussion zwischen Wissenschaftlern und Politikern solche hermeneutischen Aufgaben stellen und, ohne daß sie *als solche* bewußt würden, gelöst werden. Nur weil diese verschwiegene Hermeneutik nicht explizit in die Zucht wissenschaftlicher Disziplin genommen ist, entsteht nach außenhin der Anschein und unter den Beteiligten weithin auch das Selbstverständnis einer logisch zwingenden Arbeitsteilung zwischen technischer Entscheidungshilfe und aufgeklärter Dezision.

8 Vgl. Helmut Krauch, *Technische Information und öffentliches Bewußtsein*, in: *Atomzeitalter*, 1963, S. 235 ff.

III.

Die Kommunikation zwischen den politisch befugten Auftraggebern und den fachlich kompetenten Wissenschaftlern der *Großforschungsinstitute* bezeichnet die kritische Zone der *Übersetzung praktischer Fragen* in wissenschaftlich gestellte Probleme und der *Rückübersetzung wissenschaftlicher Informationen* in Antworten auf praktische Fragen. Freilich trifft diese Formulierung noch nicht die Dialektik des Vorgangs. Die Heidelberger Studiengruppe für Systemforschung berichtet über ein aufschlußreiches Beispiel. Das Hauptquartier der amerikanischen Luftwaffe läßt durch geschulte Kontaktleute dem Programmbüro eines Großforschungsinstituts ein grob umrissenes militärtechnisches oder organisatorisches Problem vortragen; der Ausgangspunkt ist ein vage formuliertes Bedürfnis. Eine strengere Fassung des Problems ergibt sich erst im Laufe einer langwierigen Kommunikation zwischen den selbst wissenschaftlich ausgebildeten Offizieren und dem Projektleiter. Mit der Identifizierung und der gelungenen Definition der Fragestellung ist indessen der Kontakt nicht erschöpft; sie genügen allenfalls für den Abschluß eines detaillierten Vertrages. Während der Forschungsarbeiten selbst besteht auf allen Ebenen, vom Präsidenten bis zum Techniker, ein Informationsaustausch mit den entsprechenden Stellen der auftragerteilenden Institution. Die Kommunikation darf nicht abbrechen, bis die Lösung des Problems grundsätzlich gefunden ist, denn erst mit der prinzipiell absehbaren Lösung ist das Ziel des Projektes *endgültig* definiert. Das Vorverständnis des Problems, das praktische Bedürfnis des Auftraggebers, wird selber erst in dem Maße artikuliert, in dem sich theoretische Lösungen und damit Techniken der Befriedung in streng entworfenen Modellen abzeichnen. Die

Kommunikation zwischen den beiden Partnern ist gleichsam das zwischen Praxis und Wissenschaft ausgespannte Netz rationaler Erörterung, das nicht reißen darf, wenn während der Entwicklung bestimmter Technologien oder Strategien das zunächst vage vorverstandene Interesse an der Beseitigung einer problematischen Lage nicht verfehlt, sondern in den formalisierten wissenschaftlichen Modellen seiner Intention nach streng festgehalten werden soll. Umgekehrt finden auch die praktischen Bedürfnisse, korrespondierende Ziele, die Wertsysteme selber, erst im Verhältnis zu der technisch möglichen Realisierung ihre genaue Bestimmung. Das Situationsverständnis politisch handelnder Sozialgruppen ist so sehr von den zur Durchsetzung von Interessen verfügbaren Techniken abhängig, daß oft genug Forschungsprojekte nicht von praktischen Fragen angestoßen, sondern von den Wissenschaftlern an die Politiker herangetragen werden. In Kenntnis des Forschungsstandes können Techniken vorentworfen werden, für die der Zusammenhang mit praktischen Bedürfnissen dann erst gesucht, der Zusammenhang mit neuartikulierten Bedürfnissen erst gestiftet wird. Freilich ist bis zu diesem Punkt der Problemlösung und Bedürfnisartikulation erst die eine Hälfte des Übersetzungsprozesses beendet; die technisch angemessene Lösung einer präzisiert zu Bewußtsein gebrachten problematischen Lage muß wiederum in den Gesamtbestand der geschichtlichen Situation, in der sie praktische Folgen hat, rückübersetzt werden. Die Bewertung der fertiggestellten Systeme und der ausgearbeiteten Strategien erfordert am Ende die gleiche Form von Interpretation eines konkreten Handlungszusammenhangs, mit der der Übersetzungsprozeß, beim Vorverständnis der praktischen Ausgangsfrage, begonnen hat.

Der Übersetzungsprozeß, der sich zwischen den politischen

Auftraggebern und den Fachleuten der Projektwissenschaften eingespielt hat, ist auch im großen institutionalisiert worden. Auf Regierungsebene sind Lenkungsbürokratien für Forschung und Entwicklung und wissenschaftliche Beratungsinstitute eingerichtet worden, deren Funktionen noch einmal die eigentümliche Dialektik der Umsetzung von Wissenschaft in politische Praxis widerspiegeln. Die amerikanische Bundesregierung unterhält fünfunddreißig solcher Scientific Agencies. In ihrem Rahmen wird eine *Dauerkommunikation zwischen Wissenschaft und Politik* eingerichtet, die sich sonst bloß ad hoc bei der Vergabe spezieller Forschungsaufträge entzünden könnte. Schon das erste Regierungskomitee für Wissenschaftler, das der amerikanische Präsident 1940 kurz vor Kriegseintritt begründete, übernahm jene beiden Funktionen, die heute eine große Beratungsmaschinerie erfüllt. *Politikberatung* hat die Aufgabe, einerseits Forschungsergebnisse aus dem Horizont leitender Interessen, die das Situationsverständnis der Handelnden bestimmen, zu interpretieren, und andererseits Projekte zu bewerten, und solche Programme anzuregen und zu wählen, die den Forschungsprozeß in die Richtung praktischer Fragen lenken.

Sobald sich diese Aufgabe aus dem Kontext einzelner Probleme löst und die Entwicklung der Forschung im ganzen zum Thema wird, geht es im Dialog zwischen Wissenschaft und Politik um die Formulierung einer langfristigen *Forschungspolitik*. Das ist der Versuch, die naturwüchsigen Beziehungen zwischen technischem Fortschritt und sozialer Lebenswelt unter Kontrolle zu bringen. Die Richtung des technischen Fortschritts ist heute noch weithin durch gesellschaftliche Interessen bestimmt, die naturwüchsig aus dem Zwang zur Reproduktion des gesellschaftlichen Lebens hervorgehen, ohne als solche reflektiert und mit dem erklärten politischen Selbstverständnis der sozialen Gruppe konfrontiert zu werden; infolgedessen bricht neues technisches Können unvorbereitet in bestehende Formen der Lebenspraxis ein, neue Potentiale einer erweiterten technischen Verfügungsgewalt machen das Mißverhältnis zwischen den Ergebnissen angespanntester Rationalität und unreflektierten Zielen, erstarrten Wertsystemen, hinfälligen Ideologien nur noch offenbarer. Die mit Forschungspolitik befaßten Beratungsgremien veranlassen einen neuen Typus von interdisziplinär verflochtener Zukunftsforschung, die den immanenten Entwicklungsstand und die sozialen Voraussetzungen des technischen Fortschritts zusammen mit dem Bildungsniveau der Gesamtgesellschaft klären und insofern von naturwüchsigen Interessenlagen zunächst einmal abheben soll. Auch diese Untersuchungen verfolgen ein hermeneutisches Erkenntnisinteresse; sie gestatten nämlich, die gegebenen gesellschaftlichen Institutionen und deren Selbstverständnis mit den tatsächlich verwendeten und den möglicherweise verfügbaren Techniken zu konfrontieren; und im gleichen Verhältnis zu dieser gezielten ideologiekritischen Klärung erlauben sie umgekehrt auch, gesellschaftliche Bedürfnisse und erklärte Ziele zu reorientieren. Die Formulierung einer langfristigen Forschungspolitik, die Vorbereitung neuer Industrien, welche künftige wissenschaftliche Informationen verwerten, die Planung des Ausbildungssystems für einen qualifizierten Nachwuchs, dessen Berufspositionen erst geschaffen werden – dieser Versuch, eine bisher naturgeschichtlich sich durchsetzende Vermittlung des technischen Fortschritts mit der Lebenspraxis großer Industriegesellschaften bewußt in Regie zu nehmen, entfaltet die Dialektik von aufgeklärtem Wollen und selbstbewußtem Können.

Während sich die Kommunikation zwischen den Experten der Großforschungsinstitute und den politischen Auftraggebern bei einzelnen Projekten im Rahmen eines objektiv abgesteckten Problembereichs abspielt, während auch noch die Diskussion zwischen den beratenden Wissenschaftlern und der Regierung an die Konstellation gegebener Situationen und verfügbarer Potentiale gebunden bleibt – ist der Dialog zwischen Wissenschaftlern und Politikern bei dieser dritten Aufgabe einer Programmierung der gesamtgesellschaftlichen Entwicklung von *bestimmten* Problemanstößen freigesetzt. Gewiß muß er an die konkrete Lage anknüpfen, und zwar einerseits an den geschichtlichen Traditionsbestand und an gesellschaftliche Interessenlagen, andererseits an ein gegebenes Niveau technischen Wissens und industrieller Verwertung; aber im übrigen muß sich der Versuch einer langfristigen, an den immanenten Möglichkeiten und den objektiven Folgen orientierten Forschungs- und Bildungspolitik jener Dialektik überlassen, die wir auf den früheren Stufen schon kennengelernt haben. Er muß die politisch Handelnden im Verhältnis zu dem gesellschaftlichen Potential an technischem Wissen und Können über das traditionsbestimmte Selbstverständnis ihrer Interessen und Ziele aufklären und sie *zugleich* im Lichte der artikulierten und neu interpretierten Bedürfnisse instandsetzen, praktisch zu beurteilen, in welcher Richtung sie ihr technisches Wissen und Können künftig entwickeln wollen. Diese Erörterung bewegt sich unaufhebbar innerhalb des Zirkels, daß wir nur in demselben Maße, als wir in Kenntnis des technischen Könnens unseren historisch bestimmten Willen an der gegebenen Lage orientieren, auch umgekehrt wissen, welche bestimmt gerichtete Erweiterung unseres technischen Könnens wir in Zukunft wollen.

IV.

Der Übersetzungsprozeß zwischen Wissenschaft und Politik ist in letzter Instanz auf öffentliche Meinung bezogen. Diese Beziehung ist ihm nicht, etwa mit Rücksicht auf die geltenden Normen einer Verfassung, äußerlich; sie ergibt sich vielmehr immanent zwingend aus den Erfordernissen der Konfrontation *technischen Wissens und Könnens* mit einem *traditionsabhängigen Selbstverständnis,* aus dessen Horizont die Bedürfnisse als Ziele interpretiert und die Ziele in Gestalt von Werten hypostasiert werden. In der Integration von technischem Wissen und hermeneutischer Selbstverständigung steckt, da sie von einer vom Staatsbürgerpublikum losgelösten Diskussion der Wissenschaftler in Gang gebracht werden muß, immer auch ein Moment von Vorwegnahme. Die Aufklärung eines wissenschaftlich instrumentierten politischen Willens kann nach Maßstäben rational verbindlicher Diskussion nur aus dem Horizont der miteinander sprechenden Bürger selbst hervorgehen und muß in ihn zurückführen. Auch die Berater, die sich unterrichten möchten, welchen Willen die politischen Instanzen ausdrücken, stehen unter dem hermeneutischen Zwang, sich auf das historische Selbstverständnis einer sozialen Gruppe, in letzter Instanz auf die Gespräche der Staatsbürger untereinander, einzulassen. Eine solche Explikation ist wohl an die Verfahrensweisen der hermeneutischen Wissenschaften gebunden, aber diese lösen den dogmatischen Kern geschichtlich erarbeiteter und überlieferter Interpretationen nicht auf, sie legen ihn nur aus. Die beiden weiteren Schritte einer sozialwissenschaftlichen Analyse dieses Selbstverständnisses aus dem Zusammenhang gesellschaftlicher Interessen einerseits und einer Vergewisserung der verfügbaren Techniken und Strategien andererseits führen zwar über diesen

Gesprächskreis der Bürger hinaus, aber das Resultat dieser Schritte kann als Aufklärung des politischen Willens nur wiederum innerhalb der Kommunikation der Bürger Wirksamkeit erlangen. Denn eine Artikulierung der Bedürfnisse nach Maßgabe technischen Wissens kann ausschließlich *im Bewußtsein der politisch Handelnden selber* ratifiziert werden. Experten können diesen Akt der Bestätigung denen, die mit ihrer Lebensgeschichte für die neuen Interpretationen der sozialen Bedürfnisse und für die akzeptierten Mittel der Bewältigung problematischer Lagen einzustehen haben, nicht abnehmen; sie müssen ihn freilich, mit diesem Vorbehalt, immer auch schon antizipieren. Soweit sie diese Stellvertretung übernehmen, denken sie versuchsweise und zugleich notgedrungen geschichtsphilosophisch, ohne noch den Glauben der Geschichtsphilosophie teilen zu können.

Der Prozeß der Verwissenschaftlichung von Politik würde sich, mit der Integration technischen Wissens in das hermeneutisch explizierte Selbstverständnis einer gegebenen Situation, jeweils erst dann vollenden können, wenn unter den Bedingungen einer allgemeinen, auf das Publikum der Staatsbürger ausgedehnten und von Herrschaft freien Kommunikation zwischen Wissenschaft und Politik die Gewähr dafür geboten wäre: daß sich der Wille die Aufklärung verschafft hat, die er tatsächlich will, und daß zugleich Aufklärung den tatsächlichen Willen soweit durchdrungen hat, wie sie es unter den gegebenen, den gewollten und den machbaren Umständen irgend vermag. Diese *prinzipiellen Erwägungen* sollen freilich nicht darüber hinwegtäuschen, daß die *empirischen Bedingungen* für die Anwendung des pragmatistischen Modells fehlen. Die Entpolitisierung der Masse der Bevölkerung und der Zerfall einer politischen Öffentlichkeit sind Bestandteile eines Herrschaftssystems, das dazu tendiert, praktische Fragen aus der öffentlichen Diskussion auszuschließen. Der bürokratisierten Ausübung der Herrschaft entspricht vielmehr eine demonstrative Öffentlichkeit, die bei einer mediatisierten Bevölkerung für Zustimmung sorgt.[9] Aber auch wenn wir von Systemschranken absehen und annehmen, daß öffentliche Diskussionen in einem großen Publikum heute noch eine gesellschaftliche Basis fänden – selbst dann wäre eine Versorgung mit relevanten wissenschaftlichen Informationen nicht einfach.

Unabhängig von ihrer Resonanzfähigkeit sind der politischen Öffentlichkeit gerade die praktisch folgenreichsten Forschungsergebnisse am schwierigsten zugänglich. Während früher allenfalls industriell verwertbare Informationen aus Gründen privatwirtschaftlicher Konkurrenz geheimgehalten oder geschützt wurden, blockieren heute vor allem die militärischen Geheimhaltungsvorschriften den freien Fluß der Informationen. Die Verzögerung zwischen dem Zeitpunkt der Entdeckung und dem der Veröffentlichung beträgt bei strategisch relevanten Ergebnissen mindestens drei Jahre, in vielen Fällen aber mehr als ein Jahrzehnt.

Eine weitere Barriere zwischen Wissenschaft und Öffentlichkeit stört den Kommunikationsfluß prinzipiell. Ich meine die bürokratische Abschließung, die sich aus der Organisation des modernen Forschungsbetriebs ergibt.

Mit den Formen individueller Gelehrsamkeit und einer unproblematischen Einheit von Forschung und Lehre schwindet auch der zwanglose und einst selbstverständliche Kontakt des einzelnen Forschers mit einem größeren Publikum, sei es von Lernenden oder von gebildeten Laien. Das sachliche Interesse des großbetrieblich integrierten Forschers, das auf die Lösung

9 Vgl. meine Untersuchung *Strukturwandel der Öffentlichkeit*[3], Neuwied 1968.

eng umschriebener Probleme gerichtet ist, braucht nicht mehr von vornherein mit der pädagogischen oder publizistischen Rücksicht auf die Mitteilung an ein Publikum von Hörern oder Lesern gekoppelt zu sein. Denn der Adressat vor den Toren der organisierten Forschung, für den die wissenschaftlichen Informationen bestimmt sind, ist nun, jedenfalls unmittelbar, nicht mehr ein lernendes Publikum oder eine diskutierende Öffentlichkeit, sondern in der Regel ein Auftraggeber, der am Ausstoß des Forschungsprozesses um seiner technischen Verwendung willen interessiert ist. Früher gehörte die Aufgabe der literarischen Darstellung noch zur wissenschaftlichen Reflexion selbst; im System der Großforschung tritt an deren Stelle das auftragsbezogene Memorandum und der auf technische Empfehlungen ausgerichtete Forschungsbericht.

Gewiß behauptet sich daneben eine wissenschaftsinterne Öffentlichkeit, in der sich die Experten über Fachzeitschriften oder auf Tagungen austauschen; aber auch zwischen ihr und der literarischen oder gar politischen Öffentlichkeit wären Kontakte kaum zu erwarten gewesen, wenn nicht inzwischen eine eigentümliche Schwierigkeit zu einer neuen Form der Kommunikation genötigt hätte. Man hat ausgerechnet, daß sich im Zuge der Differenzierung der Forschung während der letzten hundert Jahre die Zahl der Fachzeitschriften alle fünfzehn Jahre verdoppelt hat. Heute erscheinen auf der ganzen Welt schon etwa 50 000 wissenschaftliche Journale.[10] Mit der steigenden Flut der Informationen, die in der wissenschaftlichen Öffentlichkeit verarbeitet werden müssen, mehren

10 D. J. de Solla Price, *Science since Babylon*, New Haven 1961; ders., *Little Science, Big Science*, New York 1963; vgl. dazu H. P. Dreitzel, *Wachstum und Fortschritt der Wissenschaft*, in: *Atomzeitalter*, Nov. 1963, S. 289.

sich deshalb Versuche, das unübersichtlich werdende Material zusammenzufassen, für Zwecke des Überblicks zu ordnen und zu bearbeiten.

Die Referatenzeitschrift bezeichnet nur den ersten Schritt auf dem Wege eines Übersetzungsprozesses, der das Rohmaterial der ursprünglichen Information weiterverarbeitet. Eine Reihe von Zeitschriften dienen dem gleichen Zweck einer Kommunikation zwischen Wissenschaftlern verschiedener Disziplinen, die eines Dolmetschers bedürfen, um die wichtigen Informationen angrenzender Fächer für die eigene Arbeit verwenden zu können. Je weiter sich die Forschung spezialisiert, um so größere Entfernungen muß eine wichtige Information überwinden, um in die Arbeit eines anderen Experten eingehen zu können: Physiker informieren sich etwa aus dem *Time Magazine* über neue Entwicklungen in Technik und Chemie. Helmut Krauch vermutet wohl mit Recht[11], daß auch in Deutschland der Austausch zwischen Wissenschaftlern verschiedener Disziplinen bereits auf die Übersetzungen eines wissenschaftlichen Journalismus angewiesen ist, der von den anspruchsvollen Literaturberichten bis zu den Wissenschaftsspalten der Tagespresse reicht. Etwa am Beispiel der Kybernetik, die ihre Modelle an Vorgängen aus Bereichen der Physiologie und der Nachrichtentechnik, der Hirnpsychologie und der Ökonomie entwickelt und dabei Ergebnisse aus den entlegensten Disziplinen verbindet, läßt sich leicht einsehen, wie wichtig es ist, den Kommunikationszusammenhang auch dann nicht reißen zu lassen, wenn die Informationen von einem zum anderen Spezialisten den weiten Weg über die Umgangssprache und das Alltagsverständnis des Laien nehmen müssen. Die wissenschaftsexterne Öffentlichkeit wird, bei

11 *Technische Information und öffentliches Bewußtsein,* in: *Atomzeitalter,* Sept. 1963, S. 238.

hochgradiger Arbeitsteilung, vielfach schon zum kürzesten Weg interner Verständigung zwischen den einander entfremdeten Spezialisten. Von diesem Zwang zur Übersetzung wissenschaftlicher Informationen, der aus Bedürfnissen des Forschungsprozesses selbst hervorgeht, profitiert aber auch die gefährdete Kommunikation zwischen den Wissenschaften und dem großen Publikum der politischen Öffentlichkeit.

Eine weitere Tendenz, die ebenfalls der Kommunikationshemmung zwischen beiden Bereichen entgegenwirkt, ergibt sich aus dem internationalen Zwang zur friedlichen Koexistenz konkurrierender Gesellschaftssysteme. Die militärischen Geheimhaltungsvorschriften, die den freien Zufluß wissenschaftlicher Informationen in die Öffentlichkeit blockieren, vertragen sich nämlich, wie vor allem Oskar Morgenstein nachgewiesen hat[12], immer weniger mit den Bedingungen einer immer dringlicher werdenden Rüstungskontrolle. Die wachsenden Risiken eines prekären Gleichgewichts der Abschreckung nötigen zu einer wechselseitig kontrollierten Abrüstung; das umfassende Inspektionssystem, das diese voraussetzt, kann aber nur wirksam arbeiten, wenn das Prinzip der Öffentlichkeit rigoros auf die internationalen Beziehungen, auf die strategischen Pläne und vor allem auf die militärisch nutzbaren Potentiale ausgedehnt wird. Der Kern dieses Potentials ist wiederum die strategisch verwertbare Forschung. Das Programm einer Offenen Welt verlangt daher in erster Linie den freien Austausch wissenschaftlicher Informationen. Es gibt also wenigstens gewisse Anhaltspunkte für die Vermutung, daß die staatliche Monopolisierung der technisch ergiebigen Wissenschaften, der wir uns heute gerade im Zeichen eines allgemeinen Wettrüstens nähern, als eine Durchgangsstufe betrachtet werden darf, die schließlich zur kollektiven

12 *Strategie heute*, Frankfurt/M. 1962, bes. Kap. XII, S. 292 ff.

Nutzung der Informationen auf der Grundlage einer freizügigen Kommunikation zwischen Wissenschaft und Öffentlichkeit führt.

Freilich würden weder der wissenschaftsimmanente Zwang zur Übersetzung noch der von außen kommende Zwang zum freien Austausch von Forschungsinformationen ausreichen, um in einer resonanzfähigen Öffentlichkeit ernstlich eine Diskussion über die praktischen Folgen wissenschaftlicher Resultate in Gang zu bringen, wenn nicht schließlich die verantwortlichen Forscher selbst die Initiative ergriffen. Die dritte Tendenz, die wir zugunsten einer solchen Diskussion anführen möchten, ergibt sich aus dem Rollenkonflikt, in den die repräsentativen Forscher als Wissenschaftler einerseits und als Staatsbürger andererseits geraten. In dem Maße, in dem die Wissenschaften tatsächlich für die politische Praxis beansprucht werden, wächst für die Wissenschaftler objektiv der Zwang, nun auch, über technische Empfehlungen, die sie erzeugen, hinausgehend, auf die praktischen Folgen, die sie auslösen, zu reflektieren. In großem Stil galt das zunächst für die Atomphysiker, die mit der Herstellung der A- und H-Bomben befaßt waren.

Seitdem haben Diskussionen stattgefunden, in denen führende Wissenschaftler über die politischen Auswirkungen ihrer Forschungspraxis streiten; so beispielsweise über die Schädigungen, die der radioaktive Niederschlag für die aktuelle Gesundheit der Bevölkerung und die erbliche Substanz der Menschengattung hervorruft. Aber die Beispiele sind kärglich. Immerhin zeigen sie, daß kompetenzfrei verantwortliche Wissenschaftler die Schranken ihrer wissenschaftsinternen Öffentlichkeit durchbrechen und sich an öffentliche Meinung direkt wenden, wenn sie entweder praktische Folgen, die mit der Wahl bestimmter Technologien verbunden sind, abwenden, oder wenn sie bestimmte Forschungsinvestitionen an deren sozialen Auswirkungen kritisieren wollen.

Solche Ansätze lassen freilich kaum ahnen, daß die Diskussion, die in den Büros der wissenschaftlichen Politikberatung angesponnen wird, im Grundsätzlichen ebenso auf dem breiteren Forum der politischen Öffentlichkeit ausgetragen werden müßte wie auch jener Dialog, den Wissenschaftler und Politiker um die Formulierung einer langfristigen Wissenschaftspolitik führen oder, wie hierzulande, erst einmal führen sollten.

Auf beiden Seiten sind, wie wir gesehen haben, die Voraussetzungen dafür nicht günstig. Auf der einen Seite dürfen wir mit gesicherten Institutionen für eine öffentliche Diskussion im großen Publikum der Staatsbürger nicht mehr rechnen; auf der anderen Seite können sich ein arbeitsteiliges System der Großforschung und ein bürokratisierter Herrschaftsapparat nur zu gut unter Ausschluß der politischen Öffentlichkeit aufeinander einspielen. Die Alternative, die uns interessiert, besteht nicht etwa zwischen einer Führungsgruppe, die über eine mediatisierte Bevölkerung hinweg ein lebenswichtiges Wissenspotential wirksam ausschöpft; und einer anderen Führungsgruppe, die vom Zufluß wissenschaftlicher Informationen selbst abgesperrt ist, so daß technisches Wissen in den Prozeß der politischen Willensbildung nur unzureichend einfließt. Es geht vielmehr darum, ob ein folgenreicher Wissensstand nur in die Verfügung technisch hantierender Menschen geleitet oder zugleich in den Sprachbesitz kommunizierender Menschen eingeholt wird. Als mündig könnte sich eine verwissenschaftliche Gesellschaft nur in dem Maße konstituieren, in dem Wissenschaft und Technik durch die Köpfe der Menschen hindurch mit der Lebenspraxis vermittelt würden.

Die eigentümliche Dimension, in der eine kontrollierte Übersetzung technischen Wissens in praktisches und damit eine wissenschaftlich angeleitete Rationalisierung der politischen Herrschaft möglich ist, wird verfehlt, wenn die prinzipiell mögliche Aufklärung des politischen Willens im Verhältnis zur Belehrung über sein technisches Können, sei es zugunsten verstockter Dezisionen, für unmöglich, sei es in Ansehung der Technokratie, für überflüssig gehalten wird. Die objektive Folge würde in beiden Fällen die gleiche sein: ein vorzeitiger Abbruch möglicher Rationalisierung. Auch der illusionäre Versuch der Technokraten, politische Entscheidungen einzig von der Logik des Sachzwangs dirigieren zu lassen, würde den Dezisionisten recht geben, nämlich der puren Willkür überlassen müssen, was an den Rändern technologischer Rationalität dann doch als unaufgelöster Rest von Praktischem sich absetzt.

1963

Erkenntnis und Interesse

I.

Während des Sommersemesters 1802 hält Schelling in Jena seine Vorlesungen über die Methode des akademischen Studiums. In der Sprache des deutschen Idealismus erneuert er emphatisch jenen Begriff von Theorie, der die Tradition der großen Philosophie seit ihren Anfängen bestimmt hat. »Die Scheu vor der Spekulation, das angebliche Forteilen vom Theoretischen zum bloß Praktischen, bewirkt im Handeln notwendig die gleiche Flachheit wie im Wissen. Das Studium einer streng theoretischen Philosophie macht uns am unmittelbarsten mit Ideen vertraut, und nur Ideen geben dem Handeln Nachdruck und sittliche Bedeutung.«[1] Nur *die* Erkenntnis vermag wahrhaft im Handeln zu orientieren, die sich von bloßen Interessen gelöst und auf Ideen eingestellt, eben: eine theoretische Einstellung gefunden hat.

Das Wort Theorie geht auf religiöse Ursprünge zurück: Theoros hieß der Vertreter, den griechische Städte zu den öffentlichen Festspielen entsandten.[2] In der *Theoria*, nämlich zuschauend, entäußert er sich ans sakrale Geschehen. Im philosophischen Sprachgebrauch wird *Theoria* auf den Anblick des Kosmos übertragen. Als Anschauung des Kosmos setzt Theorie die Grenzziehung zwischen Sein und Zeit schon voraus,

1 *Schellings Werke*, ed. Schröter, Bd. III, S. 299.

2 Bruno Snell, *Theorie und Praxis*, in: *Die Entdeckung des Geistes*, Hamburg 1955, S. 401 ff.; Georg Picht, *Der Sinn der Unterscheidung von Theorie und Praxis in der griechischen Philosophie*, in: *Evangelische Ethik*, 8. Jg. 1964, S. 321 ff.

die, mit dem Gedicht des Parmenides, Ontologie begründet und in Platons *Timaios* wiederkehrt: sie reserviert ein vom Unsteten und Ungewissen gereinigtes Seiendes dem *Logos* und überläßt das Reich des Vergänglichen der *Doxa.* Wenn nun der Philosoph die unsterbliche Ordnung anschaut, kann er nicht umhin, sich selber dem Maß des Kosmos anzugleichen, ihn in sich nachzubilden. Er bringt die Proportionen, die er in den Bewegungen der Natur wie in der harmonischen Folge der Musik anschaut, in sich zur Darstellung; er bildet sich durch Mimesis. Die Theorie geht auf dem Wege über die Angleichung der Seele an die geordnete Bewegung des Kosmos in die Lebenspraxis ein – Theorie prägt dem Leben ihre Form auf, sie reflektiert sich in der Haltung dessen, der sich ihrer Zucht unterwirft, im *Ethos.*

Dieser Begriff der Theorie und eines Lebens in der Theorie hat Philosophie seit ihren Anfängen bestimmt. Der Scheidung zwischen Theorie im Sinne dieser Tradition und Theorie im Sinne der Kritik hat Max Horkheimer eine seiner bedeutendsten Untersuchungen gewidmet.[3] Dieses Thema nehme ich heute, nach fast einem Menschenalter, wieder auf.[4] Ich knüpfe an eine Abhandlung Husserls an, die etwa zur gleichen Zeit erschienen ist.[5] Husserl ließ sich damals von eben dem Theoriebegriff leiten, dem Horkheimer einen kritischen entgegenhielt. Husserl handelt nicht von Krisen in den Wissenschaften, sondern von ihrer Krise als Wissenschaft, denn: »in unserer Lebensnot hat diese Wissenschaft uns nichts zu

3 *Traditionelle und kritische Theorie,* in: *Zeitschrift für Sozialforschung,* Bd. VI, 1937, S. 245 ff.

4 Dieser Text lag meiner Antrittsvorlesung an der Universität Frankfurt vom 28. 6. 1965 zugrunde. Die Literaturangaben beschränken sich auf wenige Hinweise.

5 *Die Krisis der europäischen Wissenschaften und die transzendentale Phänomenologie, Ges. Werke,* Bd. VI, Den Haag 1954.

sagen«. Unbedenklich, wie fast alle Philosophen vor ihm, nimmt Husserl zum Maßstab seiner Kritik eine Idee von Erkenntnis, die jenen platonischen Zusammenhang der reinen Theorie mit der Lebenspraxis wahrt. Nicht der Informationsgehalt der Theorien, sondern die Formierung eines besonnenen und aufgeklärten Habitus unter den Theoretikern selbst erzeugt am Ende eine wissenschaftliche Kultur. Der Gang des europäischen Geistes schien auf die Entstehung einer solchen Wissenschaftskultur abzuzielen. Diese geschichtliche Tendenz sieht Husserl jedoch nach 1933 gefährdet. Er ist überzeugt, daß die Gefahr nicht eigentlich von außen droht, sondern von innen. Er führt die Krise darauf zurück, daß die fortgeschrittensten Disziplinen, allen voran die Physik, von dem, was in Wahrheit Theorie heißen darf, abgefallen sind.

II.

Wie verhält es sich damit wirklich? Zwischen dem positivistischen Selbstverständnis der Wissenschaften und der alten Ontologie besteht sehr wohl ein Zusammenhang. Die *empirisch-analytischen* Wissenschaften entwickeln ihre Theorien in einem Selbstverständnis, das zwanglos eine Kontinuität mit den Anfängen philosophischen Denkens herstellt: beide verpflichten sich auf eine theoretische Einstellung, die vom dogmatischen Zusammenhang und dem irritierenden Einfluß der natürlichen Lebensinteressen befreit; und beide finden sich in der kosmologischen Absicht, das Weltall in seiner gesetzmäßigen Ordnung theoretisch so zu beschreiben, wie es ist. Demgegenüber ließen sich die *historisch-hermeneutischen* Wissenschaften, die es mit der Sphäre der vergänglichen Dinge und des bloßen Meinens zu tun haben, nicht ebenso zwanglos auf diese Tradition zurückführen – mit Kosmologie haben sie nichts zu tun. Aber nach dem Modell der Naturwissenschaften bilden auch sie ein *szientistisches Bewußtsein.* Auch die tradierten Sinngehalte scheinen sich in idealer Gleichzeitigkeit zu einem Kosmos von Tatsachen versammeln zu lassen. Mögen auch die Geisteswissenschaften ihre Tatsachen durch Verstehen erfassen, und mag ihnen auch wenig daran liegen, generelle Gesetze aufzufinden, so teilen sie doch mit den empirisch-analytischen Wissenschaften das Methodenbewußtsein: eine strukturierte Wirklichkeit in theoretischer Einstellung zu beschreiben. Der Historismus ist zum Positivismus der Geisteswissenschaften geworden.

Der Positivismus hat sich auch in den *Sozialwissenschaften* durchgesetzt, gleichviel ob sie den methodischen Forderungen einer empirisch-analytischen Verhaltenswissenschaft folgen oder ob sie sich am Muster normativ-analytischer Wissenschaften, die Handlungsmaximen voraussetzen, orientieren.[6] Unter dem Titel der Werturteilsfreiheit ist auf diesem praxisnahen Feld der Forschung der Kodex nur noch einmal bestätigt worden, den die moderne Wissenschaft den Anfängen theoretischen Denkens in der griechischen Philosophie verdanken möchte: psychologisch die unbedingte Verpflichtung zur Theorie und epistemologisch die Abtrennung der Erkenntnis von Interesse. Dem entspricht auf logischer Ebene die Unterscheidung zwischen deskriptiven und normativen Aussagen: sie macht die Abfilterung der bloß emotiven von den kognitiven Gehalten grammatisch verbindlich.

Indessen erinnert uns schon der Terminus »Wertfreiheit« daran, daß die mit ihr verknüpften Postulate den klassischen Sinn von Theorie nicht mehr treffen. Werte von Tatsachen ab-

6 Vgl. G. Gäfgen, *Theorie der wirtschaftlichen Entscheidung*, Tübingen 1963.

spalten heißt, dem puren Sein ein abstraktes Sollen gegenüberstellen. Sie sind das nominalistische Spaltprodukt einer Jahrhunderte währenden Kritik an jenem emphatischen Begriff des Seienden, auf das einst Theorie ausschließlich gerichtet war. Schon der vom Neukantianismus philosophisch in Umlauf gesetzte Name der *Werte*, denen gegenüber Wissenschaft Neutralität wahren soll, verleugnet den von Theorie einmal intendierten Zusammenhang.

Obwohl also die positiven Wissenschaften mit der Tradition der großen Philosophie den Begriff der Theorie teilen, zerstören sie doch deren klassischen Anspruch. Zwei Momente entlehnen sie dem philosophischen Erbe: erstens den methodischen Sinn der theoretischen Einstellung und zweitens die ontologische Grundannahme einer vom Erkennenden unabhängigen Struktur der Welt. Andererseits geht aber der von Plato bis Husserl unterstellte Zusammenhang von *theoria* und *kosmos*, von *mimesis* und *bios theoretikos* verloren. Was einst die praktische Wirksamkeit der Theorie ausmachen sollte, verfällt jetzt den methodologischen Verboten. Die Auffassung von Theorie als einem Bildungsvorgang ist apokryph geworden. Jene mimetische Angleichung der Seele an scheinbar angeschaute Proportionen des Weltalls hatte die theoretische Erkenntnis nur einer Verinnerlichung von Normen dienstbar gemacht und so ihrer legitimen Aufgabe entfremdet – so erscheint es uns heute.

III.

Tatsächlich mußten die Wissenschaften die spezifische Lebensbedeutsamkeit einbüßen, die Husserl durch die Erneuerung reiner Theorie wieder herstellen möchte. Ich rekonstruiere seine Kritik in drei Schritten. Sie richtet sich *zunächst* gegen den Objektivismus der Wissenschaften. Diesen erscheint die Welt gegenständlich als ein Universum von Tatsachen, dessen gesetzmäßiger Zusammenhang deskriptiv erfaßt werden kann. In Wahrheit ist aber das Wissen über die scheinbar objektive Welt der Tatsachen transzendental in der vorwissenschaftlichen Welt gegründet. Die möglichen Gegenstände der wissenschaftlichen Analyse konstituieren sich vorgängig in den Selbstverständlichkeiten unserer primären Lebenswelt. In dieser Schicht legt die Phänomenologie die Leistungen einer sinnstiftenden Subjektivität bloß. *Sodann* möchte Husserl zeigen, daß diese leistende Subjektivität unter der Decke eines objektivistischen Selbstverständnisses verschwindet, weil sich die Wissenschaften von den Interessenlagen der primären Lebenswelt nicht radikal gelöst haben. Erst die Phänomenologie bricht mit der naiven Einstellung zugunsten einer streng kontemplativen und löst endgültig Erkenntnis von Interesse. *Schließlich* setzt Husserl die transzendentale Selbstreflexion, der er den Namen einer phänomenologischen Beschreibung gibt, mit reiner Theorie, mit Theorie im traditionellen Sinne, gleich. Die theoretische Einstellung verdankt der Philosoph einer Umstellung, die ihn aus dem Netz der Lebensinteressen befreit. Theorie ist in dieser Hinsicht »unpraktisch«. Das schnürt sie aber nicht vom praktischen Leben ab. Gerade die konsequente Enthaltsamkeit der Theorie erzeugt ja, ihrem traditionellen Begriff zufolge, eine handlungsorientierende Bildung. Die theoretische Einstellung läßt sich, wenn sie erst einmal eingeübt ist, mit der praktischen wiederum vermitteln: »Das geschieht in Form einer neuartigen Praxis [...], die darauf aus ist, durch die universale wissenschaftliche Vernunft die Menschheit nach Wahrheitsnormen aller Formen zu erhöhen, sie zu einem von Grund aus neuen Menschentum

zu wandeln – befähigt zu einer absoluten Selbstverantwortung aufgrund absoluter theoretischer Einsichten.«
Wer sich die Situation vor dreißig Jahren, den Anblick der heraufziehenden Barbarei vergegenwärtigt, wird die Beschwörung der therapeutischen Kraft phänomenologischer Beschreibung respektieren; begründen läßt sie sich nicht. Die Phänomenologie erfaßt allenfalls Normen, nach denen das Bewußtsein transzendental notwendig arbeitet; sie beschreibt, kantisch gesprochen, Gesetze reiner Vernunft, aber nicht Normen einer allgemeinen Gesetzgebung aus praktischer Vernunft, nach denen ein freier Wille sich richten könnte. Warum glaubt Husserl gleichwohl, Anspruch auf die praktische Wirksamkeit der Phänomenologie als reiner Theorie erheben zu dürfen? Er erliegt einem Irrtum, weil er den Zusammenhang des Positivismus, den er zu Recht kritisiert, mit jener Ontologie, der er unbewußt den traditionellen Begriff von Theorie entlehnt, nicht durchschaut.
Zu Recht kritisiert Husserl den objektivistischen Schein, der den Wissenschaften ein An-sich von gesetzmäßig strukturierten Tatsachen vorspiegelt, die Konstitution dieser Tatsachen verdeckt und dadurch die Verflechtung der Erkenntnis mit Interessen der Lebenswelt nicht zu Bewußtsein kommen läßt. Weil die Phänomenologie das zu Bewußtsein bringt, ist sie selber, so scheint es, solchen Interessen enthoben; der Titel der reinen Theorie, den die Wissenschaften zu unrecht reklamieren, gebührt mithin ihr. An dieses eine Moment, die Entbindung der Erkenntnis von Interesse, knüpft Husserl die Erwartung praktischer Wirksamkeit. Der Irrtum liegt auf der Hand: Theorie im Sinne der großen Tradition ging darum ins Leben über, weil sie in der kosmischen Ordnung einen idealen Zusammenhang der Welt, und das hieß: auch den Prototyp für die Ordnung der Menschenwelt, zu entdecken vermeinte. Nur als Kosmo-

logie war *Theoria* zugleich der Orientierung des Handelns mächtig. Bildungsprozesse darf Husserl deshalb gerade nicht von einer Phänomenologie erwarten, die die alte Theorie von ihren kosmologischen Inhalten transzendental gereinigt hat und nur noch abstrakt so etwas wie theoretische Einstellung festhält. Theorie war nicht deshalb auf Bildung angelegt, weil sie Erkenntnis von Interesse freigesetzt hätte, sondern umgekehrt, weil sie *der Verschleierung ihres eigentlichen Interesses* eine *pseudonormative Kraft* verdankte. Indem Husserl das objektivistische Selbstverständnis der Wissenschaften kritisiert, verfällt er einem anderen Objektivismus, der dem traditionellen Begriff von Theorie immer schon angehaftet hat.

IV.

In der griechischen Tradition erscheinen dieselben Kräfte, die in der Philosophie zu Kräften der Seele herabgesetzt sind, noch als Götter und übermenschliche Gewalten. Die Philosophie hat sie domestiziert und als verinnerlichte Dämonen in den Bezirk der Seele gebannt. Wenn wir aber Triebe und Affekte, die den Menschen in die Interessenzusammenhänge einer unsteten und zufälligen Praxis verstricken, unter diesem Gesichtspunkt auffassen, dann gewinnt auch die Einstellung reiner Theorie, die *Reinigung* eben von diesen Affekten verspricht, einen neuen Sinn: interesselose Anschauung meint dann offensichtlich Emanzipation. Die Entbindung der Erkenntnis von Interesse sollte nicht etwa die Theorie von den Trübungen der Subjektivität reinigen, sondern umgekehrt das Subjekt einer ekstatischen Reinigung von den Leidenschaften unterziehen. Daß Katharsis jetzt nicht mehr auf den Wegen des Mysterienkults erreicht, sondern durch Theorie im

Willen der Individuen selber festgemacht wird, zeigt die neue Stufe der Emanzipation an: im Kommunikationszusammenhang der Polis ist die Individuierung der Einzelnen soweit fortgeschritten, daß sich die Identität des vereinzelten Ich als eine fixe Größe nur noch durch die Identifizierung mit abstrakten Gesetzen der kosmischen Ordnung ausbilden kann. An der Einheit eines in sich ruhenden Kosmos und an der Identität des unwandelbaren Seins findet das von den Ursprungsmächten emanzipierte Bewußtsein jetzt seinen Halt.
Einst bestätigte mithin Theorie eine freigewordene, von Dämonen gesäuberte Welt nur kraft der ontologischen Unterscheidungen. Zugleich schützte der Schein reiner Theorie vor dem Rückfall auf eine überwundene Stufe. Wäre die Identität des reinen Seins als ein objektivistischer Schein durchschaut worden, hätte sich die Identität des Ich an ihr nicht formieren können. Daß das Interesse verdrängt wird, gehört noch zu diesem Interesse selber.
Wenn es sich aber so verhält, dann sind die beiden wirksamsten Momente der griechischen Tradition, die theoretische Einstellung und die ontologische Grundannahme einer strukturierten Welt an sich, in den Zusammenhang eingelassen, den sie doch verbieten: in einen Zusammenhang der Erkenntnis mit Interesse. Wir kehren daher zu Husserls Kritik am Objektivismus der Wissenschaften zurück. Nur das Motiv wendet sich jetzt *gegen* Husserl. Einen uneingestandenen Zusammenhang von Erkenntnis und Interesse vermuten wir nicht, weil sich die Wissenschaften vom klassischen Begriff der Theorie gelöst, sondern weil sie sich nicht vollends von ihm freigemacht haben. Der Verdacht des Objektivismus besteht wegen des *ontologischen Scheins reiner Theorie*, den die Wissenschaften *nach Abzug der Bildungselemente* immer noch mit der philosophischen Tradition trügerisch teilen.

Mit Husserl nennen wir eine Einstellung, die theoretische Aussagen naiv auf Sachverhalte bezieht, objektivistisch. Sie unterstellt die Beziehungen zwischen empirischen Größen, die in theoretischen Aussagen dargestellt werden, als ein Ansichseiendes; zugleich unterschlägt sie den transzendentalen Rahmen, innerhalb dessen sich der Sinn solcher Aussagen erst bildet. Sobald die Aussagen relativ zu dem vorgängig mitgesetzten Bezugssystem verstanden werden, zerfällt der objektivistische Schein und gibt den Blick auf ein erkenntnisleitendes Interesse frei.

Für drei Kategorien von Forschungsprozessen läßt sich ein spezifischer Zusammenhang von logisch-methodischen Regeln und erkenntnisleitenden Interessen nachweisen. Das ist die Aufgabe einer kritischen Wissenschaftstheorie, die den Fallstricken des Positivismus entgeht.[7] In den Ansatz der empirisch-analytischen Wissenschaften geht ein *technisches*, in den Ansatz der historisch-hermeneutischen Wissenschaften ein *praktisches* und in den Ansatz kritisch orientierter Wissenschaften jenes *emanzipatorische* Erkenntnisinteresse ein, das schon den traditionellen Theorien uneingestanden, wie wir sahen, zugrunde lag. Ich möchte diese These durch wenige exemplarische Hinweise erläutern.

V.

In den *empirisch-analytischen Wissenschaften* legt das Bezugssystem, das den Sinn möglicher erfahrungswissenschaftlicher

7 Diesen Weg markiert die Untersuchung von K. O. Apel, *Die Entfaltung der sprachanalytischen Philosophie und das Problem der Geisteswissenschaften*, in: *Philosophisches Jahrbuch*, 72. Jg., München 1965, S. 239 ff.

Aussagen präjudiziert, Regeln sowohl für den Aufbau der Theorien als auch für deren kritische Überprüfung fest.[8] Zu Theorien eignen sich hypothetisch-deduktive Zusammenhänge von Sätzen, die die Ableitung von empirisch gehaltvollen Gesetzeshypothesen gestatten. Diese lassen sich als Aussagen über die Kovarianz beobachtbarer Größen interpretieren; sie erlauben bei gegebenen Anfangsbedingungen Prognosen. Empirisch-analytisches Wissen ist mithin mögliches prognostisches Wissen. Freilich ergibt sich der *Sinn* solcher Prognosen, nämlich ihre technische Verwertbarkeit, erst aus den Regeln, nach denen wir Theorien auf die Wirklichkeit anwenden.

In der kontrollierten Beobachtung, die oft die Form des Experiments annimmt, erzeugen wir Anfangsbedingungen und messen den Erfolg der dabei ausgeführten Operationen. Nun möchte der Empirismus den objektivistischen Schein an den in Basissätzen ausgedrückten Beobachtungen festmachen: darin soll nämlich ein evident Unmittelbares ohne subjektive Zutat verläßlich gegeben sein. In Wahrheit sind die Basissätze keine Abbildungen von Tatsachen an sich, sie bringen vielmehr Erfolge oder Mißerfolge unserer Operationen zum Ausdruck. Wir können sagen, daß Tatsachen und die Relationen zwischen ihnen deskriptiv erfaßt werden; aber diese Redeweise darf nicht verschleiern, daß sich die erfahrungswissenschaftlich relevanten Tatsachen als solche durch eine vorgängige Organisation unserer Erfahrung im Funktionskreis instrumentalen Handelns erst konstituieren.

Beide Momente zusammengenommen, der logische Aufbau der zulässigen Aussagensysteme und der Typus der Prüfungs-

8 Vgl. Popper, *The Logic of Scientific Discovery*, London 1959; und meine Abhandlung *Analytische Wissenschaftstheorie und Dialektik*, in: *Zeugnisse*, Frankfurt am Main 1963, S. 473 ff.

bedingungen, legen die Deutung nahe: daß erfahrungswissenschaftliche Theorien die Wirklichkeit unter dem leitenden Interesse an der möglichen informativen Sicherung und Erweiterung erfolgskontrollierten Handelns erschließen. Dies ist das Erkenntnisinteresse an der technischen Verfügung über vergegenständlichte Prozesse.

Die *historisch-hermeneutischen Wissenschaften* gewinnen ihre Erkenntnisse in einem anderen methodologischen Rahmen. Hier konstituiert sich der Sinn der Geltung von Aussagen nicht im Bezugsystem technischer Verfügung. Die Ebenen von formalisierter Sprache und objektivierter Erfahrung sind noch nicht auseinandergetreten; denn weder sind die Theorien deduktiv aufgebaut, noch werden die Erfahrungen organisiert im Hinblick auf den Erfolg von Operationen. Sinnverstehen bahnt anstelle der Beobachtung den Zugang zu den Tatsachen. Der systematischen Überprüfung von Gesetzesannahmen dort entspricht hier die Auslegung von Texten. Die Regeln der Hermeneutik bestimmen daher den möglichen Sinn geisteswissenschaftlicher Aussagen.[9]

An jenes Sinnverstehen, dem die Tatsachen des Geistes evident gegeben sein sollen, hat der Historismus den objektivistischen Schein reiner Theorie geknüpft. Es sieht so aus, als ob sich der Interpret in den Horizont der Welt oder der Sprache hineinversetzte, aus der ein überlieferter Text jeweils seinen Sinn bezieht. Aber auch hier konstituieren sich die Tatsachen erst im Verhältnis zu den Standards ihrer Feststellung. Wie das positivistische Selbstverständnis den Zusammenhang von Meßoperationen und Erfolgskontrollen nicht ausdrücklich in sich aufnimmt, so unterschlägt es auch jenes an der Ausgangssituation haftende Vorverständnis des Interpreten, durch das

9 Ich schließe mich den Untersuchungen von H. G. Gadamer, *Wahrheit und Methode*², Tübingen 1965, Teil II, an.

hermeneutisches Wissen stets vermittelt ist. Die Welt des tradierten Sinnes erschließt sich dem Interpreten nur in dem Maße, als sich dabei zugleich dessen eigene Welt aufklärt. Der Verstehende stellt eine Kommunikation zwischen beiden Welten her; er erfaßt den sachlichen Gehalt des Tradierten, indem er die Tradition auf sich und seine Situation *anwendet*.

Wenn aber die methodischen Regeln in dieser Weise Auslegung mit Applikation vereinigen, dann liegt die Deutung nahe: daß die hermeneutische Forschung die Wirklichkeit unter dem leitenden Interesse an der Erhaltung und der Erweiterung der Intersubjektivität möglicher handlungsorientierender Verständigung erschließt. Sinnverstehen richtet sich seiner Struktur nach auf möglichen Konsensus von Handelnden im Rahmen eines tradierten Selbstverständnisses. Dies nennen wir, im Unterschied zum technischen, das praktische Erkenntnisinteresse.

Die systematischen *Handlungswissenschaften*, nämlich Ökonomie, Soziologie und Politik, haben, wie die empirisch-analytischen Naturwissenschaften, das Ziel, nomologisches Wissen hervorzubringen.[10] Eine kritische Sozialwissenschaft wird sich freilich dabei nicht bescheiden. Sie bemüht sich darüber hinaus, zu prüfen, wann die theoretischen Aussagen invariante Gesetzmäßigkeiten des sozialen Handelns überhaupt und wann sie ideologisch festgefrorene, im Prinzip aber veränderliche Abhängigkeitsverhältnisse erfassen. Soweit das der Fall ist, rechnet die *Ideologiekritik*, ebenso übrigens wie die *Psychoanalyse*, damit, daß die Information über Gesetzeszusammenhänge im Bewußtsein des Betroffenen selber einen Vorgang der Reflexion auslöst; dadurch kann die Stufe unreflektierten Bewußtseins, die zu den Ausgangsbedingun-

10 E. Topitsch (Hg.), *Logik der Sozialwissenschaften*, Köln 1965.

gen solcher Gesetze gehört, verändert werden. Ein kritisch vermitteltes Gesetzeswissen kann auf diesem Wege das Gesetz selbst durch Reflexion zwar nicht außer Geltung, aber außer Anwendung setzen.

Der methodologische Rahmen, der den Sinn der Geltung dieser Kategorie von kritischen Aussagen festlegt, bemißt sich am Begriff der *Selbstreflexion.* Diese löst das Subjekt aus der Abhängigkeit von hypostasierten Gewalten. Selbstreflexion ist von einem emanzipatorischen Erkenntnisinteresse bestimmt. Die kritisch orientierten Wissenschaften teilen es mit der Philosophie.

Solange freilich Philosophie noch der Ontologie verhaftet bleibt, erliegt sie selber einem Objektivismus, der den Zusammenhang ihrer Erkenntnis mit dem Interesse an Mündigkeit verstellt. Erst wenn sie die Kritik, die sie gegen den Objektivismus der Wissenschaften wendet, auch gegen den Schein reiner Theorie in sich selber kehrt, gewinnt sie aus der eingestandenen Abhängigkeit die Kraft, die sie sich als scheinbar voraussetzungsloser Philosophie vergeblich vindiziert.[11]

VI.

Im Begriff des erkenntnisleitenden Interesses sind die beiden Momente schon zusammengenommen, deren Verhältnis erst geklärt werden soll: Erkenntnis und Interesse. Aus Alltagserfahrungen wissen wir, daß Ideen oft genug dazu dienen, unseren Handlungen rechtfertigende Motive anstelle der wirklichen zu unterschieben. Was auf dieser Ebene Rationalisierung heißt, nennen wir auf der Ebene kollektiven Han-

11 Th. W. Adorno, *Zur Metakritik der Erkenntnistheorie,* Stuttgart 1956.

delns Ideologie. In beiden Fällen ist der manifeste Gehalt von Aussagen durch die unreflektierte Bindung eines nur zum Scheine autonomen Bewußtseins an Interessen verfälscht. Mit Recht zielt deshalb die Disziplin des geschulten Denkens auf die Ausschaltung solcher Interessen. In allen Wissenschaften sind Routinen ausgebildet worden, die der Subjektivität des Meinens vorbeugen; und gegen den unkontrollierten Einfluß der tieferliegenden Interessen, die weniger am Individuum als an der objektiven Lage gesellschaftlicher Gruppen hängen, ist sogar eine neue Disziplin, die Wissenssoziologie, auf den Plan getreten. Das ist aber nur die eine Seite. Weil sich die Wissenschaft die Objektivität ihrer Aussagen gegen den Druck und die Verführung partikularer Interessen erst erringen muß, täuscht sie sich andererseits über die fundamentalen Interessen hinweg, denen sie nicht nur ihren Antrieb, sondern *die Bedingungen möglicher Objektivität* selber verdankt.

Die Einstellung auf technische Verfügung, auf lebenspraktische Verständigung und auf Emanzipation von naturwüchsigem Zwang legt nämlich die spezifischen Gesichtspunkte fest, unter denen wir die Realität als solche erst auffassen können. Indem wir der Unüberschreitbarkeit dieser transzendentalen Grenzen möglicher Weltauffassung innewerden, erwirbt sich durch uns ein Stück Natur Autonomie in der Natur. Wenn Erkenntnis je ihr eingeborenes Interesse überlisten könnte, dann in dieser Einsicht, daß die Vermittlung von Subjekt und Objekt, die das philosophische Bewußtsein ausschließlich *seiner* Synthesis zurechnet, anfänglich durch Interessen hergestellt ist. Reflexiv kann der Geist dieser Naturbasis innewerden. Deren Gewalt reicht aber bis in die Logik der Forschung.

Abbildungen oder Beschreibungen sind niemals unabhängig von Standards. Und die Wahl solcher Standards beruht auf

Einstellungen, die der kritischen Abwägung durch Argumente bedürfen, weil sie weder logisch abgeleitet noch empirisch nachgewiesen werden können. Methodische Grundsatzentscheidungen, etwa so fundamentale Unterscheidungen wie die zwischen kategorialem und nichtkategorialem Sein, zwischen analytischen und synthetischen Aussagen, zwischen deskriptivem und emotivem Gehalt, haben diesen eigentümlichen Charakter, weder willkürlich noch zwingend zu sein[12]. Sie erweisen sich als angemessen oder verfehlt. Denn sie bemessen sich an der metalogischen Notwendigkeit von Interessen, die wir weder festlegen noch abbilden können, sondern *treffen* müssen. Meine *erste These* heißt deshalb: *Die Leistungen des transzendentalen Subjekts haben ihre Basis in der Naturgeschichte der Menschengattung.*

Für sich genommen könnte diese These zu dem Mißverständnis führen, als sei die Vernunft der Menschen, wie die Klauen und Zähne der Tiere, ein Organ der Anpassung. Das ist sie gewiß auch. Aber die naturgeschichtlichen Interessen, auf die wir die erkenntnisleitenden zurückführen, gehen zugleich aus Natur und *aus dem kulturellen Bruch* mit Natur hervor. Zusammen mit dem Moment der Durchsetzung des Naturtriebs haben sie das Moment der Lösung von Naturzwang in sich aufgenommen. Schon dem Interesse der Selbsterhaltung, so natürlich es zu sein scheint, entspricht ein gesellschaftliches System, das die Mängel der organischen Ausstattung des Menschen kompensiert und seine geschichtliche Existenz *gegen* eine von außen drohende Natur sichert. Aber Gesellschaft ist nicht nur System der Selbsterhaltung. Eine lockende Natur, die als Libido im Einzelnen präsent ist, hat sich aus dem Funktionskreis der Selbsterhaltung gelöst und drängt nach utopischer Erfüllung. Auch diese individuellen Ansprüche, die

12 M. White, *Toward Reunion in Philosophy*, Cambridge 1956.

mit dem Erfordernis kollektiver Selbsterhaltung nicht von vornherein harmonieren, nimmt das gesellschaftliche System in sich auf. Deshalb können die Erkenntnisprozesse, an die Vergesellschaftung unabdingbar gebunden ist, nicht nur als Mittel der Reproduktion des Lebens fungieren: in gleichem Maße bestimmen sie selbst die Definitionen dieses Lebens. Das scheinbar nackte Überleben ist immer schon eine historische Größe; denn es bemißt sich an dem, was eine Gesellschaft als ihr *gutes Leben* intendiert. Meine *zweite These* lautet deshalb: *Erkennen ist im gleichen Maße Instrument der Selbsterhaltung, wie es bloße Selbsterhaltung transzendiert.*

Die spezifischen Gesichtspunkte, unter denen wir die Wirklichkeit transzendental notwendig auffassen, legen drei Kategorien möglichen Wissens fest: Informationen, die unsere technische Verfügungsgewalt erweitern; Interpretationen, die eine Orientierung des Handelns unter gemeinsamen Traditionen ermöglichen; und Analysen, die das Bewußtsein aus der Abhängigkeit von hypostasierten Gewalten lösen. Jene Gesichtspunkte entspringen dem Interessenzusammenhang einer Gattung, die von Haus aus an bestimmte Medien der Vergesellschaftung gebunden ist: an Arbeit, Sprache und Herrschaft. Die Menschengattung sichert ihre Existenz in Systemen gesellschaftlicher Arbeit und gewaltsamer Selbstbehauptung; durch ein traditionsvermitteltes Zusammenleben in umgangssprachlicher Kommunikation; und schließlich mit Hilfe von Ich-Identitäten, die das Bewußtsein des Einzelnen im Verhältnis zu den Normen der Gruppe auf jeder Stufe der Individuierung von neuem befestigen. So haften die erkenntnisleitenden Interessen an den Funktionen eines Ich, das sich in Lernprozessen an seine externen Lebensbedingungen anpaßt; das sich durch Bildungsprozesse in den Kommunikationszusammenhang einer sozialen Lebenswelt einübt; und das im Konflikt zwischen Triebansprüchen und gesellschaftlichen Zwängen eine Identität aufbaut. Diese Leistungen gehen wiederum ein in die produktiven Kräfte, die eine Gesellschaft akkumuliert; in die kulturelle Überlieferung, aus der sich eine Gesellschaft interpretiert; und in die Legitimationen, die eine Gesellschaft annimmt oder kritisiert. Meine *dritte These* lautet daher: *Die erkenntnisleitenden Interessen bilden sich im Medium von Arbeit, Sprache und Herrschaft.*

Freilich ist die Konstellation von Erkenntnis und Interesse nicht gleich in allen Kategorien. Gewiß ist jene voraussetzungslose Autonomie, in der Erkenntnis die Wirklichkeit erst theoretisch erfaßt, um hernach von erkenntnisfremden Interessen in Dienst genommen zu werden, auf dieser Ebene immer ein Schein. Aber der Geist kann sich auf den Interessenzusammenhang, der vorgängig Subjekt und Objekt verknüpft hat, zurückbeugen – und dies ist allein der Selbstreflexion vorbehalten. Sie kann das Interesse gewissermaßen einholen, wenn auch nicht aufheben.

Nicht zufällig sind die Maßstäbe der Selbstreflexion jener eigentümlichen Schwebe enthoben, in der die Standards aller übrigen Erkenntnisprozesse einer kritischen Abwägung bedürfen. Sie sind theoretisch gewiß. Das Interesse an Mündigkeit schwebt nicht bloß vor, es kann a priori eingesehen werden. Das, was uns aus Natur heraushebt, ist nämlich der einzige Sachverhalt, den wir seiner Natur nach kennen können: *die Sprache.* Mit ihrer Struktur ist Mündigkeit *für uns* gesetzt. Mit dem ersten Satz ist die Intention eines allgemeinen und ungezwungenen Konsensus unmißverständlich ausgesprochen. Mündigkeit ist die einzige Idee, deren wir im Sinne der philosophischen Tradition mächtig sind. Vielleicht ist deshalb der Sprachgebrauch des Deutschen Idealismus, demzufolge »Vernunft« beide Momente: Willen *und* Bewußtsein enthält, doch nicht ganz obsolet. Vernunft meinte zugleich den Willen zur Vernunft. In der Selbstreflexion gelangt eine Erkenntnis um der Erkenntnis willen mit dem Interesse an Mündigkeit zur Deckung. Das emanzipatorische Erkenntnisinteresse zielt auf den Vollzug der Reflexion als solchen. Meine *vierte These* heißt daher: *In der Kraft der Selbstreflexion sind Erkenntnis und Interesse eins.*

Freilich würde sich erst in einer emanzipierten Gesellschaft, die die Mündigkeit ihrer Glieder realisiert hätte, die Kommunikation zu dem herrschaftsfreien Dialog aller mit allen entfaltet haben, dem wir das Muster einer wechselseitig gebildeten Identität des Ich ebenso wie die Idee der wahren Übereinstimmung immer schon entlehnen. Insofern gründet die Wahrheit von Aussagen in der Antizipation des gelungenen Lebens. Der ontologische Schein reiner Theorie, hinter dem die erkenntnisleitenden Interessen verschwinden, festigt die Fiktion, als sei der sokratische Dialog allgemein und jederzeit möglich. Philosophie hat von Anbeginn unterstellt, die mit der Struktur der Sprache gesetzte Mündigkeit sei nicht nur antizipiert, sondern wirklich. Gerade die reine Theorie, die alles aus sich selber haben will, fällt dem verdrängten Äußeren anheim und wird ideologisch. Erst wenn Philosophie im dialektischen Gang der Geschichte die Spuren der Gewalt entdeckt, die den immer wieder angestrengten Dialog verzerrt, und aus den Bahnen zwangloser Kommunikation immer wieder herausgedrängt hat, treibt sie den Prozeß, dessen Stillstellung sie sonst legitimiert, voran: den Fortgang der Menschengattung zur Mündigkeit. Als *fünfte These* möchte ich deshalb den Satz vertreten: *Die Einheit von Erkenntnis und Interesse bewährt sich in einer Dialektik, die aus den geschichtlichen Spuren des unterdrückten Dialogs das Unterdrückte rekonstruiert.*

VII.

Die Wissenschaften haben von Philosophie eines zurückbehalten: den Schein reiner Theorie. Er bestimmt nicht ihre Forschungspraxis, bloß ihr Selbstverständnis. Und soweit dieses Selbstverständnis auf ihre Praxis zurückwirkt, hat es sogar einen guten Sinn.

Es macht ja die Ehre der Wissenschaften aus, ihre Methoden unbeirrt, ohne Reflexion auf das erkenntnisleitende Interesse anzuwenden. Indem die Wissenschaften methodologisch nicht wissen, was sie tun, sind sie ihrer Disziplin um so gewisser, das heißt: des methodischen Fortschritts innerhalb eines nicht problematisierten Rahmens. Das falsche Bewußtsein hat eine schützende Funktion. Denn auf der Ebene der Selbstreflexion fehlen den Wissenschaften die Mittel, den Risiken eines einmal durchschauten Zusammenhangs von Erkenntnis und Interesse zu begegnen. Der Faschismus hat den Wechselbalg einer nationalen Physik, der Stalinismus den einer gewiß ernster zu nehmenden sowjetmarxistischen Genetik nur ausbrüten können, weil der Schein des Objektivismus fehlte – er hätte gegen die gefährlicheren Verzauberungen einer fehlgeleiteten Reflexion immunisieren können.

Das Lob des Objektivismus hat freilich seine Grenze; an ihr setzte Husserls Kritik zu recht, wenn auch nicht mit den rechten Mitteln ein. Sobald der objektivistische Schein ins weltanschaulich Affirmative gewendet wird, verkehrt sich die Not des methodologisch Unbewußten in die zweifelhafte Tugend eines szientistischen Glaubensbekenntnisses. Der Objektivismus hindert die Wissenschaften keineswegs, wie Husserl glaubte, in die Lebenspraxis einzugreifen. Ihr sind sie so oder so integriert. Aber praktische Wirksamkeit entfalten sie nicht eo ipso im Sinne einer wachsenden Rationalität des Handelns.

Ein positivistisches Selbstverständnis der *nomologischen Wissenschaften* leistet vielmehr dem Ersatz aufgeklärten Handelns durch Technik Vorschub. Es steuert die Verwertung der erfahrungswissenschaftlichen Informationen unter dem illusionären Gesichtspunkt, als ließe sich die praktische Beherrschung der Geschichte auf die technische Verfügung über vergegenständlichte Prozesse zurückführen. Nicht minder folgenreich ist das objektivistische Selbstverständnis der *hermeneutischen Wissenschaften*. Es entzieht ein sterilisiertes Wissen der reflektierten Aneignung wirkender Traditionen und sperrt stattdessen Geschichte ins Museum. Geleitet von der objektivistischen Einstellung tatsachenbildender Theorie, ergänzen sich die nomologischen und die hermeneutischen Wissenschaften in Ansehung ihrer praktischen Folgen. Während diese den Traditionszusammenhang ins Unverbindliche entrücken, bannen jene auf dem blankgefegten Fundament einer verdrängten Geschichte die Lebenspraxis ausschließlich in den Funktionskreis instrumentalen Handelns. Die Dimension, in der die handelnden Subjekte über Ziele und Zwecke sich rational verständigen könnten, wird so der Finsternis der bloßen Dezision zwischen verdinglichten Wertordnungen und uneinsichtigen Glaubensmächten überantwortet.[13] Wenn sich dieser von allen guten Geistern verlassenen Dimension dann noch eine Reflexion bemächtigt, die sich wie die alte Philosophie gegenüber der Geschichte objektivistisch verhält, siegt der Positivismus auf höchster Stufe – wie einst bei Comte. Das ist der Fall, wenn Kritik unkritisch ihren eigenen Zusammenhang mit dem emanzipatorischen Erkenntnisinteresse zugunsten reiner Theorie verleugnet. Eine solche überschwengliche Kritik projiziert den unentschiedenen Prozeß

13 Vgl. meine Abhandlung *Dogmatismus, Vernunft und Entscheidung*, in: *Theorie und Praxis*², Neuwied 1967, S. 231 ff.

des Fortgangs der Menschengattung auf die Ebene einer Geschichtsphilosophie, die Handlungsanweisungen dogmatisch erteilt. *Eine verblendende Philosophie der Geschichte ist aber nur die Kehrseite des erblindeten Dezisionismus – mit einer kontemplativ mißverstandenen Wertneutralität verträgt sich die bürokratisch verordnete Parteilichkeit nur zu gut.*

Diesen praktischen Folgen eines beschränkten szientistischen Bewußtseins der Wissenschaften[14] kann eine Kritik entgegenwirken, die den objektivistischen Schein zerstört. Freilich wird der Objektivismus nicht, wie Husserl noch wähnte, durch die Kraft einer erneuerten *Theoria* gebrochen, sondern allein durch den Nachweis dessen, was er verdeckt: des Zusammenhangs von Erkenntnis und Interesse. Die Philosophie bleibt ihrer großen Tradition treu, indem sie ihr entsagt. Die Einsicht, daß die Wahrheit von Aussagen in letzter Instanz an die Intention des wahren Lebens gebunden ist, läßt sich heute

14 Herbert Marcuse hat die Gefahren einer Reduktion der Vernunft auf technische Rationalität und einer Reduktion der Gesellschaft auf die Dimension technischer Verfügung in seinem Buch *Der eindimensionale Mensch*, Neuwied 1967, analysiert. In einem anderen Zusammenhang stellt Helmut Schelsky die gleiche Diagnose: »Mit der wissenschaftlichen Zivilisation, die der Mensch selbst planmäßig schafft, ist eine neue Gefährdung in die Welt getreten: die Gefahr, daß der Mensch sich nur in äußere, umweltverändernde Handlungen auslegt und alles, den anderen Menschen und sich selbst, in dieser Gegenstandsebene der konstruktiven Handlung festhält und behandelt. Diese neue Selbstentfremdung des Menschen, die ihm die Identität seiner selbst und des anderen rauben kann ..., ist die Gefahr, daß der Schöpfer sich in sein Werk, der Konstrukteur in seine Konstruktion verliert. Der Mensch schaudert zwar davor zurück, sich restlos in die selbstproduzierte Objektivität, in ein konstruiertes Sein zu transzendieren, und arbeitet doch unaufhörlich am Fortgang dieses Prozesses der wissenschaftlichen Selbstobjektivierung.« (H. Schelsky, *Einsamkeit und Freiheit*, Hamburg 1963, S. 299.)

nur mehr auf den Trümmern der Ontologie bewahren. Freilich bleibt auch diese Philosophie so lange neben den Wissenschaften und außerhalb des öffentlichen Bewußtseins eine Spezialität, als das Erbe der Tradition, das *sie* kritisch losgelassen hat, im positivistischen Selbstverständnis der Wissenschaften fortlebt.

1965

Nachweise

Arbeit und Interaktion. Bemerkungen zu Hegels Jenenser Philosophie des Geistes. Zuerst publiziert in: H. Braun u. M. Riedel (Hg.), *Natur und Geschichte. Karl Löwith zum 70. Geburtstag.* Stuttgart 1967, S. 132–155.

Technik und Wissenschaft als ›Ideologie‹, leicht gekürzter Vorabdruck in: *Merkur*, Heft 243, Juli 1968, S. 591–610, und Heft 244, August 1968, S. 682–693.

Technischer Fortschritt und soziale Lebenswelt. Zuerst publiziert in: *Praxis* (Zagreb), H. 1/2 1966, S. 217–228.

Verwissenschaftlichte Politik und öffentliche Meinung. Auf der Grundlage des gleichnamigen Beitrages zur Festschrift für Hans Barth: R. Reich (Hg.), *Humanität und politische Verantwortung.* Erlenbach-Zürich 1964, S. 54–73.

Erkenntnis und Interesse. Frankfurter Antrittsvorlesung vom 28. 6. 1965. Zuerst publiziert in: *Merkur*, H. 213, Dez. 1965, S. 1139 bis 1153.

Suhrkamp Verlag GmbH
Torstraße 44, 10119 Berlin
info@suhrkamp.de
www.suhrkamp.de